V 32.172

DES

# BANQUES PUBLIQUES

## DE PRÊT SUR GAGE

### ET

## DE LEURS INCONVÉNIENS.

1829

PARIS. — IMPRIMERIE ET FONDERIE DE FAIN, RUE RACINE, N°. 4,
PLACE DE L'ODÉON.

DES

# BANQUES PUBLIQUES

## DE PRÊT SUR GAGE

### ET

## DE LEURS INCONVÉNIENS.

**PAR M. ARTHUR BEUGNOT.**

MÉMOIRE

COURONNÉ EN 1829 PAR L'ACADÉMIE DU GARD.

PARIS.

DELAUNAY, LIBRAIRE

DE SON ALTESSE ROYALE MADAME LA DUCHESSE D'ORLÉANS,
AU PALAIS ROYAL.

1829.

# DES
# BANQUES PUBLIQUES
## DE
## PRÊT SUR GAGE
### ET DE
# LEURS INCONVÉNIENS.

---

## CHAPITRE I<sup>er</sup>.

### OBSERVATIONS GÉNÉRALES.

---

Voici une institution dont l'existence est singulière. Née dans des temps déjà anciens, et qui n'ont presque rien de commun avec ceux où nous vivons, elle a su conserver jusqu'à nos jours tout son crédit; l'esprit de réforme ne l'a pas renversée, et le temps, au lieu d'user ses ressorts, semble leur avoir donné plus de force et de souplesse. Les hommes peu éclairés la chérissent; ceux qui le sont davantage l'approuvent, et elle est en honneur chez tous les peuples de l'Europe, quel que soit leur degré de civilisation.

1

Conclurons-nous, de cette sanction universelle, que l'institution des banques de prêt sur gage est excellente, et que la soumettre à une investigation scrupuleuse, est chose superflue? Non, assurément. Nous ne le ferons pas, parce que nous savons qu'une institution, pourvu qu'elle agisse d'une façon détournée, et qu'elle s'adresse à ce qu'il y a de faible ou de mauvais chez les hommes, trouve dans ses propres défauts des appuis qui garantissent sa durée.

Je repousserai ce prestige de faveur dont s'environnent les Monts de Piété; je rechercherai attentivement, et je comparerai leurs avantages et leurs inconvéniens; je proclamerai les uns et les autres avec conscience, afin de mettre le lecteur à même de se former une opinion et de ne point adopter la mienne, si par malheur elle est erronée.

Quelques lignes me suffiront pour présenter le résumé historique de cette institution.

Les banques publiques de prêt sur gage prirent naissance en Italie. J'ai lu que le pape Léon X était le fondateur de ces établissemens; il ne me semble pas qu'on puisse lui attribuer ce titre. Médicis ne parvint à la tiare qu'en 1513, et nous voyons que dès l'année 1484, Bernardin de Feltre avait déjà établi un véritable Mont de Piété à Mantoue. Ce Bernardin, qui depuis fut mis au rang des saints, était un homme de bien, et fort éclairé pour le temps où il vivait; il avait été frappé du crédit immense dont jouissaient les juifs dans toute l'Italie, autant qu'indigné du taux élevé auquel ils prêtaient leur argent; il ne voyait pas que ce taux était réglé non par la cupidité des Israélites, mais par la pauvreté du pays et par la paresse de ses habitans; il crut donc qu'en prêtant gratuite-

ment sur gage on pouvait réduire à l'inaction tous les
trafiquans, qu'on appelait alors des usuriers. Son erreur était grande, mais l'époque ne comportait pas des
idées plus profondes en matière de finances. Animé
d'un zèle auquel l'esprit religieux semble à peu près
étranger, il se rendit à Mantoue après la paix de Ba-
gnolo ; là il discourut long-temps sur la place publique, touchant l'utilité d'un Mont de Piété, son
organisation, les moyens dont on se servirait pour
obtenir des fonds, soit par emprunt, soit par dons ;
et enfin il parvint à instituer son Mont de Piété.
L'autorité publique l'avait aidé dans ses efforts. Ce
premier succès l'enhardit ; il parcourut alors toute
l'Italie, prêchant les Monts de Piété, en établissant
dans beaucoup de villes, échouant dans quelques autres. A Padoue il fit fermer vingt-deux bureaux de prêt
tenus par des juifs, et qui tous les ans rapportaient
20,000 écus d'or de profit. Les juifs d'Aquila, le voyant
arriver avec ses plans de Monts de Piété, députèrent
vers lui pour qu'il ne prêchât pas contre leurs bureaux ; la prière fut inutile. Les villes de Montefiore,
Rimini, Monselice, Montagnana, Brixia, furent témoins de ses exploits. A Vérone il trouva des ordres
du doge qui lui défendaient d'exciter la population
contre les juifs ; il fallut obéir.

Telle était la vogue de ces nouveaux établissemens,
qu'on ne peut dire avec quel empressement ils se répandirent dans toute l'Italie. La sagesse des règlemens
du Mont de Piété de Rome fut long-temps célèbre.

En 1521, Léon X publia une bulle destinée, non
pas, comme on l'a dit, à établir les Monts de Piété, mais
au contraire à les dénaturer ; car, par cette bulle, il
permettait d'exiger un intérêt des emprunteurs ; des

1.'.

lors disparut le véritable caractère de bienfaisance qu
jusque-là avait ennobli les Monts de Piété. L'esprit
de spéculation se mit bien vite à la place de la
charité.

De l'Italie, les Monts de Piété se répandirent en
Allemagne. On remarqua de bonne heure ceux qui
furent fondés à Nuremberg, sous le nom de *Leyh-
Haus* ; à Ulm, sous celui de *Anlehn-Haus* ; à Augs-
bourg, sous celui de *Wechselbanke* ; et, enfin, à Ham-
bourg ; mais rien n'indique que la bienfaisance ait été
le but de leur institution.

En Hollande ils étaient appelés *Tafel-Van-Leenige*,
ou Table de Prêt. Leur constitution avait quelque
chose de particulier : ils étaient tenus par des spéculateurs, nommés Lombards, qui agissaient, non pas
en leur nom propre, mais en vertu de l'autorisation
du magistrat. Un contrat se passait entre les Lombards
et ce dernier, qui insérait dans l'acte telle clause qui
lui convenait. Les Lombards étaient uniquement cen-
sés avoir loué la Table de Prêt. A Amsterdam, le magistrat prêtait directement.

Les Monts de Piété furent établis dans la Belgique
par Albert d'Autriche, en 1619 ; ils prêtaient déjà
depuis quelque temps en Espagne.

A Londres, les Monts de Piété sont encore aujour-
d'hui fondés par des associations volontaires, et n'ont
aucun rapport avec le gouvernement. L'Angleterre
est le seul pays où ils n'ont pas été altérés dans leur
principe.

La France n'avait pas encore de Mont de Piété au
milieu du siècle dernier. Le traité d'Aix-la-Chapelle,
qui porta les limites du royaume au delà du Hainaut,
de la Flandre, du Cambrésis, de l'Artois, donna à la

France des provinces où les Monts de Piété étaient en honneur, mais l'exemple ne fructifia pas.

Plusieurs plans furent soumis, dans la seconde période du siècle dernier, au gouvernement, pour obtenir l'établissement d'un Mont de Piété à Paris. Ils furent éloignés, comme trop empreints du caractère de fiscalité. Enfin, le 9 décembre 1777, des lettres-patentes du roi, portant établissement d'un Mont de Piété à Paris, furent publiées. Un grand nombre d'ordonnances et d'arrêts de règlement pourvurent aux détails de l'administration, et cet établissement florissait quand survint la révolution ; elle apporta de notables changemens dans l'état du Mont de Piété. Les capitalistes, qui avaient des fonds dans sa caisse sur simples billets et sans aliénation de capital, les retirèrent en grande partie. Les maisons de prêt clandestines se rouvrirent ; enfin, la dépréciation du papier-monnaie présagea et effectua bientôt l'anéantissement de toutes les ressources du Mont de Piété. En l'an V, la commission des hospices fut chargée de présenter un plan pour la restauration du Mont de Piété. Le 3 prairial, le directoire exécutif ordonna que le Mont de Piété reprendrait son activité, et remit en vigueur ses anciens règlemens. Il retrouva promptement une partie de son lustre, mais il eut à soutenir une redoutable concurrence avec toutes les maisons de prêt qui s'étaient établies durant son interrègne. Une loi du 16 pluviôse an XII défendit l'établissement d'aucune maison de prêt sur nantissement sans autorisation du gouvernement, et assujettit les maisons déjà établies à prendre cette autorisation. Dans tous les cas, ces maisons devaient être fondées au profit des pauvres.

Un décret impérial, du 24 messidor même année,

régla l'administration du Mont de Piété de Paris, et
excita les départemens à établir de semblables banques
dans les lieux où elles seraient utiles.

Le 8 thermidor an XIII, un décret consacra le privilége en faveur du Mont de Piété de Paris, en ordon-
nant la clôture définitive de toutes les maisons de
prêt particulières.

Enfin, un décret impérial du 8 thermidor an XIII
régla l'organisation et les opérations du Mont de Piété
de Paris. Ce décret, qui est calqué sur le règlement d'administration du 5 janvier 1778, doit être cité comme
un modèle de sagesse ; il est encore aujourd'hui en
vigueur.

Depuis ce moment, le Mont de Piété de Paris n'a
fait que prospérer. Ses défauts tiennent à l'institution
même, et sa bonne administration provient autant de
l'excellence de son règlement que du zèle de ses administrateurs.

Presque toutes les villes considérables du royaume
ont obtenu avec reconnaissance des Monts de Piété ;
il se passe peu d'années sans que plusieurs conseils
généraux demandent au gouvernement l'autorisation
d'en établir dans les départemens. On peut donc dire
qu'il n'est pas d'établissemens qui soient en France
plus populaires que ceux-là ; quiconque voudra les
attaquer devra s'attendre à trouver dans les meilleurs
esprits une forte opposition.

On a très-peu écrit sur les Monts de Piété. Les
principes qui leur servent de base n'ont pas semblé
devoir donner matière à discussion. Je ne connais rien,
relatif à ce sujet, qui ait été publié en France. A
peine les économistes et les philanthropes effleurent-ils
cette matière dans leurs graves écrits. Turgot même

n'a pas prononcé une seule fois le mot *Mont de Piété* dans ses nombreux mémoires sur l'administration et les finances; et un tel silence m'a d'autant plus surpris, que ce sage ministre, ayant quitté les affaires le 12 mai 1776, n'avait pas dû rester étranger aux travaux qui précédèrent la publication de l'édit du 9 décembre 1777.

Tous les pays ne sont pas demeurés aussi stériles. Bariani de Plaisance, Usaya et Ceretti ont écrit en Italie sur les Monts de Piété; l'Allemagne est le pays le plus riche en ouvrages relatifs à ce sujet. Wolff, Asciani, Giballin, Colbrand, Nicolas Martin, Marperger, Goeckel, Jacques Meyer, Heindel, se distinguèrent parmi les auteurs qui ont parlé des Monts de Piété avec autant de science que de raison. Malheureusement le fruit de leurs veilles ne nous a pas été très-utile, car aucun d'eux n'a examiné les rapports des Monts de Piété avec la prospérité publique. Jurisconsultes, ils se sont attachés à discuter la nature du contrat qui lie l'emprunteur avec le prêteur sur gages; aucun d'eux, ce me semble, n'a entrevu les inconvéniens des Monts de Piété.

# CHAPITRE II.

## DES AVANTAGES DES MAISONS DE PRÊT SUR GAGE.

J'aurais mauvaise grâce si, voulant affecter une extrême impartialité, je me présentais comme un partisan des Monts de Piété, sous la condition, toutefois, de dissimuler une partie des raisons qui peuvent être alléguées en leur faveur. Je n'emploierai pas cette méthode trop usée pour être encore utile, je préfère être vrai ; et, pour donner un témoignage du désir qui m'anime, je déclare, en commençant, que je ne suis nullement ami des Monts de Piété, et que si je prends la plume, c'est avec l'intention et dans l'espérance de dégoûter les peuples et les gouvernemens de cette mauvaise institution ; mais en même temps je reconnais que cette attitude hostile peut rendre suspectes mes paroles, alors surtout que j'entreprends d'exposer les avantages réels des Monts de Piété. Je me mettrai donc à l'écart pour un instant, laissant parler à ma place le prince qui fonda le premier Mont de Piété en France, le gouvernement qui le rétablit après une courte suppression, et enfin les principaux auteurs qui ont traité des Banques de prêt sur gage. Si je connaissais une méthode plus impartiale pour exposer ce côté de la question, je m'empresserais de la suivre.

Les lettres-patentes du roi, portant établissement
d'un Mont de Piété données à Versailles le 9 décembre 1777, registrées au parlement le 12 du même
mois, commencent ainsi : « Les bons effets qu'ont
» produits et produisent encore les Monts de Piété,
» chez les différentes nations de l'Europe, et notam-
» ment ceux formés en Italie, ainsi que ceux érigés
» dans nos provinces de Flandre, Hainaut, Cambrésis
» et Artois, ne nous permettent pas de douter des
» avantages qui résulteraient en faveur de nos peuples
» de pareils établissemens dans notre bonne ville de
» Paris, et même dans les principales villes de notre
» royaume ; ce moyen nous a paru le plus capable
» de faire cesser les désordres que l'usure a introduits
» et qui n'ont que trop fréquemment entraîné la
» perte de plusieurs familles. »

Si nous nous reportons à la loi du 16 pluviôse
an XII, nous trouvons dans l'exposé des motifs le pas-
sage suivant : « Il est chez tous les peuples et dans
» les grandes cités une classe de citoyens également
» éloignés de la richesse et de la pauvreté, qui ne
» demande à la Providence que de la santé et des
» forces, à la société que de la protection et du tra-
» vail : je veux parler des ouvriers et des artisans ;
» mais si la santé les abandonne, si le travail leur
» manque, si la prévoyance leur a inefficacement com-
» mandé des économies, si l'étendue de la famille a
» rendu ces économies trop peu abondantes, ou si la
» dureté des temps, des malheurs particuliers les ont
» épuisées, alors l'embarras commence pour l'inté-
» ressante famille : elle est déjà nécessiteuse sans être
» pauvre encore, elle a besoin d'être aidée momen-
» tanément par la bienfaisance, sans avoir besoin

» pourtant d'être assistée par la charité publique.......
» C'est dans cette situation que le sacrifice d'une
» partie de meubles, de vêtemens, ou superflus ou
» moins utiles, quelquefois même nécessaires, est
» conseillé par les circonstances et effectué par la
» résignation; mais ce meuble, ce vêtement, mis en
» vente à la hâte, dont le produit est demandé sans
» délai, attendu avec impatience, sera livré à vil prix
» aujourd'hui pour être ensuite chèrement racheté.

» Combien il serait plus heureux pour son pro-
» priétaire de pouvoir en faire le gage d'un emprunt
» modéré, dont un avenir prochain lui permettrait
» de faire le remboursement! Alors il ne serait con-
» damné, en échange d'un secours indispensable, qu'à
» une privation momentanée; alors il serait soulagé
» dans sa nécessité sans être blessé dans son amour-
» propre; alors il serait secouru et resterait indé-
» pendant; alors encore, quand des jours moins durs
» ou plus prospères viendraient luire pour sa famille
» consolée, le désir de retirer le dépôt en restituant
» le prêt lui commanderait l'économie : quelques pri-
» vations passagères, faciles à oublier, lui permet-
» traient d'accumuler la somme modique qui l'aida
» au temps de la maladie, ou la fit vivre quand elle
» manqua d'ouvrage; et bientôt la trace de la souf-
» france, de la gêne et de l'affliction se trouverait
» effacée. Ce fut sans doute aux réflexions que fait
» naître le tableau que je viens de tracer, que la pre-
» mière Maison de Prêt public dut son institution. »

Le conseil d'état, consulté le 6 juin 1807, sur la
proposition d'établir un Mont de Piété à Caen, déclare : « Que l'on doit essentiellement se proposer, par
» l'établissement des Monts de Piété et par leur di-

» rection, de venir au secours de la classe la plus
» pauvre de la société, de faire baisser l'intérêt du
» prêt sur gage, et à la charge de faire tourner exclu-
» sivement au profit des hospices l'espèce de bénéfice
» qui en résulte. »

M. de Beaunay, directeur général du Mont de
Piété, explique de la manière suivante, dans le *Dictionnaire de police* de Désessarts, tome VII, page 6,
les raisons qui ont fait établir à Paris un Mont de
Piété : « Le besoin plus impérieux encore, dans les
» grandes villes que partout ailleurs, avait ouvert
» dans Paris des caisses ténébreuses tenues par des
» prêteurs sur gages; ces gens avides profitaient du
» prétexte de gros intérêts, qu'ils payaient à leurs
» bourses, pour immoler à leur avidité les victimes
» qui venaient leur demander des secours; 3o, 4o, 5o
» pour 100 et plus, qu'ils exigeaient par an, n'étaient
» pas de leur part l'exaction la plus répréhensible;
» l'infidélité dans leurs conventions, de faux registres, .
» des changemens, substitutions et soustractions d'ef-
» fets, la négation de dépôts qu'on leur avait confiés,
» des évasions subites et frauduleuses, et une infinité
» d'autres moyens que la sordide avarice leur faisait
» employer pour s'emparer des effets qui ne leur
» avaient été remis qu'à titre de dépôt et de garantie,
» ont encore plus particulièrement fixé l'attention du
» magistrat de police, et l'ont porté à former le projet
» du Mont de Piété, c'est-à-dire d'une Caisse de
» Prêt public sur nantissement, et il a considéré que
» cette Caisse, pouvant procurer des secours aussi
» peu onéreux que prompts et certains, elle devait
» infailliblement obvier à tous les désordres de l'u-
» sure. »

Après avoir parcouru ces documens officiels, qui
ont d'autant plus d'intérêt pour nous qu'ils sont pris
dans nos propres archives, sortons des limites de la
France, et demandons aux jurisconsultes de l'Allemagne ce qu'ils pensent des Monts de Piété?

Voici de quelle manière Colbrand[1] définit les
Monts de Piété : « Une somme recueillie licitement
» en faveur des indigens, soit par des aumônes, soit
» de toute autre façon, et qui est destinée par le ma-
» gistrat à être prêtée gratuitement ou sous la con-
» dition de donner un gage et de payer à une époque
» déterminée un intérêt pour la conservation du Mont
» de Piété. »

« Le Mont de Piété, » dit Ulterius Dominicus à
Soto [2] « est un capital (*cumulativum æris acervum*)
» destiné à soulager par des prêts la misère du pauvre ;
» toutefois, sous ces conditions, que l'emprunteur
» rendra ce qu'il aura reçu, et assurera son rembour-
» sement en livrant un gage ; qu'il paiera un intérêt
» proportionnel, non ainsi que quelques-uns l'ont
» dit, à cause du prêt, mais comme indemnité due
» aux employés chargés de recueillir, de garder et d'en-
» tretenir les nantissemens. »

Lessius[3] impose aux Monts de Piété cinq conditions : 1°. les fonds dont ils disposent doivent servir
à prêter de l'argent aux pauvres, non aux riches ou
aux étrangers ; 2°. ils doivent prêter de l'argent pour
un temps déterminé, par exemple, pour un an ;
3°. ils exigent un gage suffisant, afin de ne pas être

---

[1] De Mont. Pietatis, c. 2, th. 1.
[2] De Justitiâ et jure, l. vi, quæst. 1, art 6.
[3] De Just. et jure, l. ii, c. 20, dubitat. 23, num. 189 et 130.

épuisés, si plusieurs emprunteurs venaient à ne pas
restituer; 4°. ils se font payer un intérêt modique
(*minutum*), destiné à solder les frais nécessaires à leur
entretien, tels que le paiement des employés , du
loyer, des frais des écritures, etc.; 5°. si après la
révolution du terme assigné, l'argent prêté n'est pas
rendu , ils peuvent vendre le gage et doivent rendre
à l'emprunteur ce qui reste après le remboursement
et le paiement des intérêts. « Ces conditions rem-
plies, » ajoute Lessius, « plusieurs écrivains ont cru
» pouvoir approuver les *Monts* que l'on qualifie *de*
» *Piété*. »

«Pour moi, » dit Gœckel [1], « je définis le Mont de
» Piété une caisse publique fondée dans le but de prê-
» ter, avec les deniers publics, de l'argent aux citoyens
» ou aux étrangers, en recevant d'eux, comme nantis-
» sement, des vêtemens et des objets d'or ou d'argent,
» et de plus, un modique intérêt, à la faveur duquel
» l'établissement se conserve et prospère. Cette insti-
» tution (qu'il ne faut pas accuser d'impiété) a été
» appelée Mont de Piété, parce que le prince et l'état,
» mus par un sentiment de bienfaisance , l'établissent
» pour garantir contre les mensonges et l'astuce des
» usuriers et des juifs, les hommes pauvres, qui man-
» quent d'argent et des choses nécessaires, quoique
» cependant ils aient encore en leur possession quel-
» ques objets mobiliers. Sans les Maisons de Prêt ils
» ne pourraient pas, même en donnant un gage, se
» faire livrer de l'argent, ou bien, s'ils en obtenaient,
» ce serait en payant une usure exorbitante et en
» consentant à perdre leur gage, si au jour indiqué

---

[1] Dissert. inauguralis de Montibus Pietatis, p. 9.

» ils ne se libéraient pas. Les magistrats sages es-
» sayèrent, par ce moyen, de réprimer l'avarice in-
» satiable des usuriers, et de faire en sorte que ceux qui
» sont contraints de se séparer de leurs meubles, pus-
» sent le faire sans péril pour ces meubles ou pour
» leurs propres personnes, et attendre tranquillement
» le moment où il leur serait donné de dégager leurs
» effets. Les plus profonds politiques recommandent
» fortement l'établissement de ces Monts de Piété......
» Ils sont fondés ou pour subvenir aux besoins des pau-
» vres, on pour fournir, par les profits qu'ils appor-
» tent, les moyens de solder une dépense publique. Il
» existe donc deux genres de Monts de Piété : le pre-
» mier de ces deux genres se subdivise lui-même en
» deux espèces. Premièrement, quand l'argent est prêté
» gratuitement, de manière que les pauvres ne sont
» pas tenus de restituer plus qu'ils n'ont reçu. Un pa-
» reil Mont est justement qualifié *de Piété ;* il est vrai-
» ment pieux, il tire son origine de la charité de quel-
» ques anciens chrétiens, qui, par une collecte géné-
» reuse, réunissaient une somme et la remettaient aux
» économes des églises, afin qu'ils s'en servissent pour
» soulager les pauvres par des aumônes et aider les
» personnes gênées par des prêts sans intérêt, ou à
» un intérêt très-faible. Voilà pourquoi Hahn dit [1]
» que, dans cette espèce de Monts de Piété, les pau-
» vres, quoique tenus de fournir un gage, sont regar-
» dés comme recevant un prêt gratuit. L'autre espèce
» de Monts de Piété est aussi établie en faveur des in-
» digens ; mais ces établissemens prennent un intérêt
» pour les honoraires des préposés, la conservation

---

1 De Contract. usur., th. 56.

» des gages et l'affermissement de l'institution, ils ne
» portent avec eux aucune idée d'usure, ou au moins
» d'usure illicite, car ils n'exigent d'intérêts que pour
» prévenir leur ruine, qui ne manquerait pas d'arri-
» ver s'ils étaient tenus de réparer par eux-mêmes leurs
» pertes et de payer leurs employés. »

« Les Monts, » dit ailleurs Gœckel, « établis
» dans les États Romains sont mixtes : car, prêtant
» non moins aux riches qu'aux pauvres, ils font payer,
» non-seulement la garde des dépôts et les autres frais,
» mais encore un intérêt déterminé. Comme ces éta-
» blissemens ont été créés pour faire trouver des fonds
» qui puissent défrayer des services publics ou privés,
» le reproche d'une honteuse et sordide usure a été
» dirigé contre eux. En effet, sur l'apparence de pitié
» pour les pauvres, on construit des palais, on fonde
» des Caisses, on prête de l'argent, mais on demande
» les plus gros intérêts. Ainsi, en plusieurs lieux
» on exige jusqu'à 12 pour cent.

Je terminerai ces citations par l'extrait suivant de
l'article *Mont de Piété*, dans le *Dictionnaire de police* de Désessarts, tom. VII, p. 5.

« Depuis long-temps la police recevait et exami-
» nait avec la plus scrupuleuse attention des projets
» relatifs à l'établissement d'un Mont de Piété à
» Paris ; mais tous les projets présentés (jusqu'au
» règne de Louis XVI) n'offraient que des spécula-
» tions de finances ; il était cependant bien important
» de faire cesser tous les désordres que l'usure traînait
» à sa suite.

» L'administration de la police avait employé tous
» les moyens qui dépendaient d'elle pour empêcher la
» fraude ; elle avait prescrit aux prêteurs la nécessité

» de se faire connaître, de tenir des registres des
» objets par eux reçus en nantissement des sommes
» qu'ils auraient prêtées, et de ne pouvoir exiger un
» intérêt plus fort que celui de 5 pour 100 par année ;
» mais que pouvaient produire de pareils règlemens,
» contre des hommes avides qui ne cherchaient
» qu'à entasser sur une masse numéraire, dont ils
» étaient en possession, une autre masse numéraire,
» fruit honteux de leurs rapines et de leurs ex-
» torsions ?

» Les véritables prêteurs, craignant de partager
» l'avilissement des prêteurs connus, mirent tout en
» usage pour s'envelopper des ombres du mystère le
» plus impénétrable ; ils se créèrent des agens vils et
» sans ressources, qui s'en associèrent de plus vils
» encore : ainsi, il se forma une longue chaîne d'êtres
» infâmes, qui, ne faisant leur trafic qu'avec les
» deniers et bourses inconnues, ne pouvaient qu'ex-
» poser leurs corps à des punitions, sans laisser à
» l'emprunteur aucune ressource pour obtenir la
» remise de son gage. Ainsi l'emprunteur se trou-
» vait souvent dépouillé après s'être épuisé en paie-
» mens d'intérêts usuraires qui excédaient quelquefois
» du double le montant du prêt qui lui avait été
» fait.

» Les croupiers d'usure s'assujettirent cependant,
» en apparence, à la formalité prescrite de tenir des
» registres de leurs prêts ; mais ils en tinrent deux,
» l'un destiné pour les officiers de police, et l'autre
» secret, dans lequel ils enregistraient les effets sus-
» pects de vol et d'escroquerie : ce qui rendait souvent
» impossible la découverte d'objets dont l'administra-
» tion de la police prescrivait la recherche.

» Quant à l'excès et à l'énormité de l'usure, les prê-
» teurs sur gages employaient différentes manœuvres :
» 1°. Ils n'estimaient qu'à vil prix les effets qui leur
» étaient apportés; 2°. Ils en substituaient de moin-
» dre valeur à ceux qu'ils avaient reçus.

» Si un malheureux avait apporté des couverts
» d'argent d'un poids considérable, on lui en rendait
» d'un poids léger. Comme ces sangsues avaient des
» magasins d'effets, ils avaient la facilité dangereuse
» de les changer, souvent même sans que le prêteur
» s'en aperçût. Ces fraudes étaient d'autant plus fu-
» nestes qu'elles restaient impunies. La victime de
» l'escroquerie rougissait de se plaindre; elle craignait
» de découvrir sa conduite déréglée ou ses malheurs.
» Les brigands pouvaient donc la dépouiller tran-
» quillement, car la nuit la plus ténébreuse couvrait
» leurs manœuvres. On regardait dans le public
» (tant il est dangereux de tolérer le crime!) les
» prêteurs sur gages qui ne prenaient que 10 pour cent
» d'intérêt pour le premier mois, comme des prêteurs
» sur gages *honnêtes;* cependant, avec cette crimi-
» nelle délicatesse, les bailleurs de fonds pouvaient
» retirer 120 pour cent de leur capital par an. Un dés-
» ordre aussi effrayant exigeait un remède aussi
» prompt que salutaire. L'établissement du Mont de
» Piété l'a offert, et, depuis, l'hydre de l'usure s'est
» vue enchaînée. L'indigence et le malheur trouvent
» des secours qui leur sont accordés avec justice et
» sûreté. Quelle reconnaissance ne doit-on pas aux
» administrateurs amis du bien public, qui ont fait
» cette utile révolution!..... Que des hommes qui se
» plaisent à critiquer les opérations les plus sages
» d'une administration éclairée, déclament contre

2.

» les abus qui peuvent résulter de l'établissement du
» Mont de Piété, leur conduite n'a rien d'étonnant :
» il existe une classe d'hommes qui aime à calomnier
» les institutions les plus utiles. Si ces critiques in-
» discrets comparaient les suites funestes de l'usure,
» avec les abus que leur imagination multiplie, ou
» suppose dans l'établissement du Mont de Piété,
» ils seraient forcés d'avouer que le remède était
» nécessaire puisque le mal était extrême. »

Je fournis, comme on le voit, un texte tout rédigé
aux personnes qui voudront suspecter mes intentions.

D'après toutes les autorités que je viens de citer,
nous devons conclure, que, dans l'esprit des fondateurs des Monts de Piété, les avantages de ces établissemens consistent :

1°. A faciliter aux classes pauvres de la société les
moyens de se procurer de l'argent à un taux peu
élevé ;

2°. A combattre non les effets de l'usure, car les
économistes ne sont pas d'accord sur l'acception de
ce mot; mais les maisons de prêt clandestines.

L'idée de contester ce résultat n'entre pas dans
mon esprit.

Les Monts de Piété font sans doute trouver de
l'argent aux pauvres. A la vérité, cet argent n'est pas
donné gratuitement; il faut que l'emprunteur puisse
fournir un gage dont la valeur soit égale à la somme
prêtée; mais cette obligation est également imposée à
l'emprunteur qui s'adresse à un prêteur particulier,
à un usurier.

Les Monts de Piété, dira-t-on, apprécient
les objets beaucoup au-dessous de leur valeur. Je
réponds encore que les usuriers font la même

chose, s'ils ne font pas pis. Parlons-nous des intérêts ? nous disons alors que l'avantage se reporte
tout entier du côté des Monts de Piété. En général,
ils exigent un intérêt modéré [1]. Établis dans les vues
de pure bienfaisance, ils apportent dans leurs opérations de la franchise et du désintéressement ; tandis
que les prêteurs particuliers scandalisent sans cesse

[1] Malheureusement il existe des exceptions notables à ce que
je viens de dire, le Mont-de-Piété de Paris en est la preuve. On
peut dire de cet établissement, qu'il exige des intérêts véritable-
ment usuraires. Comptons : il prélève sur l'argent prêté 1 p. 100
d'intérêt par mois. On sait qu'il agit par l'intermédiaire de vingt-
cinq commissionnaires. Les droits de ces agens sont réglés comme
il suit :

Pour engagement. . . . 2 p. 100. ⎱ 3
——— dégagement. . . . 1            ⎰

Report des droits du mont. . . . . . . . . 12

Total. . . . 15 p. 100.

Si à la fin de l'année, l'emprunteur ne pouvant dégager son
dépôt, vent renouveler le prêt en soldant les intérêts échus, il
payera encore 2 p. g. Ce n'est qu'au 1er. juillet de l'année 1827, que
l'on a supprimé le droit de ½ p. 100, que l'on exigeait pour l'en-
registrement. Ainsi, voilà un établissement public qui prête sur
gage à 17 p. 100 par an, ce qui est vraiment monstrueux. Je sais
que l'on peut dire que rien ne force les emprunteurs à passer par
l'intermédiaire des commissionnaires, et qu'ainsi ils peuvent faire
une économie de 3 p. 100 d'intérêts ; mais, par une foule de raisons,
ils n'agissent pas de la sorte, et ma conclusion reste juste.

Quand à la fin de l'année les effets ne sont point retirés, et que
le renouvellement n'a pas eu lieu, on procède à la vente. Cette
vente devrait être faite gratuitement, l'humanité le demande; au
contraire, on prend 1 p. 100 pour frais d'annonces ( art. 83, du ré-
glement du 8 thermidor an XIII), et un droit considérable pour
frais de vacation ; quoique les articles 82 et 85 du règlement met-

2.

par une inexorable avidité et les plus bases manœuvres. Comment les pauvres ne donneraient-ils pas
toute préférence aux Monts-de-Piété! Les usuriers
imposent à leurs emprunteurs des obligations tout
aussi gênantes que peuvent le paraître les formalités
exigées par les Monts de Piété, et, en outre, ils se
font payer un intérêt bien plus considérable. Les séduc-
tions, les ruses, les friponneries des usuriers, iront
échouer devant la bienfaisance des Monts de Piété,

tent ces droits à la charge des acheteurs, il n'en est pas moins certain qu'en définitive ils sont acquittés par les engageurs ; en sorte
que lorsque toute l'opération est terminée, il y a à peu près un
cinquième de la valeur réelle de l'objet engagé qui se trouve absorbé
par les intérêts et les frais. Certes, ce n'est point un tel Mont de
Piété qui empêchera l'usure, et il reste complétement étranger au
seul bien que peut faire un établissement de ce genre. Ce qui me
paraît plus étrange, c'est que le Mont de Paris, prête à 17 p. 100,
en présence de la loi de 1807, qui interdit sous des peines sévères,
de prêter en matière civile à un intérêt plus élevé que 5 p. 100. Les
lois et décrets sur l'établissement du Mont de Piété de Paris, étant
tous antérieurs à cette loi de 1807, ont été révoqués par elle ; il en
résulte que les tribunaux pourraient faire fermer cette banque de
prêt usuraire.

Je n'étendrai pas à tous les Monts de Piété les reproches fondés
que j'adresse à celui de Paris. Je sais qu'en Italie, et particulièrement
à Turin, à Milan et dans d'autres villes, les Monts de Piété sont
restés des institutions de bienfaisance, et que généralement ils
n'exigent au plus que 6 p. 100. Je ne veux pas me donner le plaisir
de triompher en fondant mes raisonnemens sur une spécialité qui
n'est malheureusement que trop favorable pour ma cause, j'écris
sur les Monts de Piété, et non sur tel ou tel Mont de Piété ;
mais je ne puis m'empêcher de faire observer que si mes argumens
ont par eux-mêmes quelque force, ils en acquièrent bien davantage
quand ils sont dirigés contre des établissemens qui, au lieu de secourir les malheureux, les rançonnent. Les Monts de Piété sont
funestes alors même qu'ils prêtent gratuitement, que sont-ils quand
ils exigent un intérêt exorbitant ?

et il ne restera plus à ces coupables spéculateurs qu'à renoncer à leurs escroqueries, ou qu'à rabaisser l'intérêt qu'ils demandent au niveau de celui perçu par le Mont de Piété ; dans les deux cas, les progrès du mal seront arrêtés, et sans recourir à la sévérité des lois, on tarira une source abondante de corruption et de misère.

Voilà le grand, mais aussi l'unique avantage des Monts-de-Piété ; on se tromperait, si l'on prétendait leur attribuer encore d'autres vertus. Si, par exemple, l'on voulait soutenir qu'ils inspirent aux classes ouvrières l'amour du travail et de l'ordre, ou qu'ils augmentent la production et par conséquent la richesse publique. Il faut, comme ont fait leurs fondateurs, ne voir en eux qu'un topique appliqué à des maux que pourraient peut-être guérir d'autres remèdes.

La pensée qui anime ces établissemens est si belle, les idées qui ont présidé à leur création sont si nobles, qu'alors même qu'on n'aurait atteint le but proposé que par une mauvaise route, et que ces idées ne seraient pas rigoureusement justes, on ne devrait attaquer les Monts de Piété qu'avec modération et prudence. Les sociétés réchauffent dans leur sein tant d'institutions créées en haine des hommes, qu'on éprouve quelque peine à jeter le blâme sur celles qui cherchent à alléger ce fardeau de douleurs que la Providence a si inégalement réparti parmi nous.

# CHAPITRE III.

## INCONVÉNIENS DES MONTS DE PIETE.

**§ 1. Les Monts de Piété ne sont pas de véritables institutions de bienfaisance.**

Louis XVI, qui serait illustre par sa sagesse s'il ne l'était pas tant par ses malheurs, disait, dans ses lettres patentes de 1777, que pour fonder le Mont de Piété de Paris il s'était arrêté à un plan formé uniquement par des vues de bienfaisance. Tous les gouvernemens, tous les économistes placent les Monts de Piété au premier rang des institutions de bienfaisance. Si par-là ils veulent simplement faire entendre que les produits des Monts de Piété sont employés à des actes de charité, ils ont raison ; mais alors les institutions les plus dépravées pourraient aussi être qualifiées établissemens de bienfaisance. Si, au contraire, en donnant cette qualification honorable aux Monts de Piété ils veulent indiquer que ces banques réunissent tous les caractères propres aux véritables institutions de bienfaisance, alors je crois pouvoir dire qu'ils tombent dans une grande erreur. Je le prouverai sans qu'il me soit nécessaire d'entrer dans de grands développemens.

Secourir son semblable lorsque le malheur l'accable, est une obligation à la fois naturelle et sociale. Les états devraient être organisés de façon qu'aucune infortune non méritée ne restât sans soulagement ; il s'en faut de beaucoup que cela soit. L'homme charitable qui remplit les devoirs que ce titre lui impose, n'importe comment, fait par cela seul une action bonne et juste, il se recommande donc à notre estime, alors même que la prudence ne préside pas à la distribution de ces bienfaits. Cependant, comme le but de tout acte de charité est de faire non pas un bien quelconque, mais le plus grand bien possible, en ne risquant de faire aucun mal, il faut reconnaître que si c'est l'humanité qui conseille un acte de bienfaisance, ce doit être la raison, éclairée par l'expérience, qui l'exécute. L'homme vraiment généreux, au lieu de s'abandonner sans réflexion aux mouvemens de sa sensibilité, doit donc calculer et analyser froidement les moyens qu'il mettra en usage ; car le mal provient très-souvent du bien : et si l'homme compatissant, au lieu d'aider le malheur, encourageait la paresse, l'inconduite, comment pourrait-il réclamer une part quelconque dans nos éloges ? Nous devrions regretter le triste usage qu'il fait de ses bonnes qualités, notre justice nous conduirait à ne pas lui accorder davantage. Tels sont, en matière de bienfaisance, les principes généralement reçus, et qui de nos jours font heureusement effort pour passer de la théorie dans l'application.

Il y a des actes de bienfaisance dont l'unique but est de pourvoir à une infortune présente, il en existe d'autres qui se proposent de prévenir l'arrivée ou le retour de cette infortune. Certes, si nous comparons ces deux genres d'actions, la préférence ne sera pas difficile à accorder, on comprendra facilement que ce qui prévient le mal doit l'emporter sur ce qui le répare.

On peut dire qu'il y a en quelque sorte deux bienfai-
sances; l'une d'instinct, l'autre de réflexion; l'une
qui s'occupe du moment et ferme les yeux sur l'avenir,
l'autre qui s'attache au malheureux et le suit au milieu
des chances d'infortune qui le menacent; l'une qui
verse quelques gouttes de baume sur la blessure,
l'autre qui empêche que le coup ne soit porté; l'une
qui fait descendre des lueurs d'espoir dans un cœur
froissé par le malheur, l'autre qui maintient l'homme
dans sa dignité personnelle en garantissant son âme
contre les atteintes du chagrin et son corps contre les
angoisses du besoin. S'il faut donner des exemples,
je dirai que l'aumône faite dans les rues , sur les pla-
ces publiques, à la porte des églises est le fruit de la
bienfaisance d'instinct; et que les écoles gratuites , les
caisses d'épargnes ou de prévoyance, les sociétés de
secours mutuels, les dépôts de mendicité, les ateliers
de charité sont créés par cette autre bienfaisance que
nous avons nommée *de réflexion*. L'homme compatissant qui ouvre habituellement sa bourse au malheureux qui au coin de la rue implore son humanité,
court il est vrai bien des chances d'encourager un fai-
néant, un vagabond et un ivrogne. Mais j'admets que
ses aumônes s'adresseront toujours à des pauvres qui
en seront dignes, dans ce cas même qu'aura-t-il fait
de plus que de retirer pour un seul jour le malheureux
de l'abîme où il était, demain il y retombera? Instrui-
sez les hommes du peuple; apprenez-leur un métier; ac-
coutumez-les à mettre toujours en réserve une somme
quelque petite que vous voudrez ; ouvrez des ateliers où dans les momens d'embarras ils seront certains
de trouver de l'occupation; faites-leur quelque
avance, mais sous la condition que vous pourrez en

surveiller l'emploi, et vous aurez rempli non pas
seulement les devoirs d'un homme charitable, mais
aussi les obligations d'un homme sage et d'un bon
citoyen.

Il faut, à la vérité, reconnaître que rarement les
particuliers ont à leur disposition les moyens nécessaires pour fonder des établissemens, tels que ceux
dont je viens de parler ; mais les gouvernemens ne
sont pas dans la même situation, toutes les entreprises un peu importantes entrent dans leur ressort.
C'est donc aux gouvernemens qu'il faut dire, qu'il
faut répéter, que les seuls établissemens de bienfaisance dignes de leurs encouragemens sont ceux qui
ont pour but de prévenir la misère[1], et que les établissemens qui l'entretiennent, lorsqu'ils ont les gouvernemens pour appuis, deviennent des institutions
vraiment anti-sociales. Ce serait aussi rendre un véritable service à l'humanité, que de faire comprendre au
clergé catholique, par les mains duquel passent une si
grande quantité d'aumônes, que la fainéantise et l'inconduite décorent mal l'entrée de la maison du Sei-
gneur, et qu'il se trompe quand il pense que les haillons du mendiant rappelleront dans le cœur des heureux du siècle, le sentiment de la charité ; comment
ce noble sentiment pourrait-il donc naître d'un spec-
tacle qui révolte la dignité humaine, et quelquefois
soulève le cœur? Et quand bien même cela devrait
être, serait-il permis d'avilir une classe malheureuse-

[1] Les hopitaux doivent être exceptés de cette proscription. La
société est engagée à l'égard de l'individu qui se trouve hors d'état
de travailler. On ne discute pas en présence d'un mourant, on lui
porte secours.

ment si nombreuse de la société, dans le but de rappeler quelque vertu passagère dans le cœur du riche? Ces idées sont usuelles et triviales en Angleterre, à Genève, et dans presque tous les pays protestans; elles ne le sont pas encore en France, contrée, où, par malheur, les mots *bienfaisance* et *aumône* sont synonymes pour tant de gens.

En faisant aux Monts de Piété l'application des principes que je viens de déduire, nous trouverons que ces établissemens ne sont pas produits par la véritable bienfaisance.

Prêter sur gages n'est d'abord pas une chose entièment désintéressée : j'admets l'assertion contraire; il resterait encore à prouver que le prêt sur gage exerce une influence morale sur celui qui emprunte, qu'il lui donne de la patience, de l'ordre, de l'économie, de l'industrie, qu'elle le garantit contre le retour du besoin. Or, qui oserait soutenir une pareille opinion? Que font en réalité les Monts de Piété? Ils prêtent de l'argent en prenant un fort nantissement, à quiconque vient leur en demander, sans s'inquiéter si cet argent sera bien ou mal employé, s'il servira à ranimer la débauche manquant d'aliment, ou l'industrie dépourvue de capitaux. Ce caractère de prudence, de sagesse, de prévoyance, qui appartient aux véritables établissemens de charité, manque donc évidemment aux Monts de Piété. Ils peuvent secourir le malheureux, mais ils n'attaquent pas, ils ne préviennent pas le malheur.

Je ne fais que d'entrer dans la discussion, à peine ai-je jeté sur la matière que je traite un coup d'œil général, et déjà je suis arrivé à ce pénible résultat : que les Monts de Piété sont en opposition aux véritables idées de bienfaisance, que s'ils font le bien, cela est le résultat du hasard et nullement de leur nature. Ne nous décourageons pas et cherchons si par ses avantages particuliers et accidentels cette institution ne rachète pas le défaut capital que je viens de signaler.

§ II. Idées générales sur les prêts sur gages.

Le prêt n'est pas un acte qui intéresse la société, ou du moins il ne l'intéresse que dans un seul cas, qui ne se présente pas habituellement, c'est quand l'argent quitte des mains oisives pour passer dans des mains industrieuses; alors il y a accroissement de richesse et par conséquent profit pour la société. Si ce cas est une exception, s'il ne découle pas nécessairement de la nature du prêt, il faut dire que ce contrat n'est qu'un acte privé et qu'on ne doit lui appliquer que les seules lois de la morale privée. Considérons-le ainsi, isolé de tout intérêt social.

Il est peu de matières qui aient été aussi controversées que celle du prêt, et surtout que celle du prêt à intérêt. Les argumens des théologiens se sont croisés avec ceux des jurisconsultes et des économistes. L'obscurité et le désordre ont donc été extrêmes. Cependant la lumière a pénétré dans ce dédale de questions et de controverses. Les économistes ont pris le dessus, et grâce à eux nous pouvons aujourd'hui raisonner d'après des principes certains et connaître le véritable caractère du prêt simple, du prêt à intérêt et du prêt sur gages.

Nul doute que dans son essence le prêt ne soit un

acte de bienfaisance, un acte par lequel le prêteur
s'efforce de secourir l'infortune de celui qui emprunte,
sans songer lui-même à tirer profit de son action généreuse. Tel est le caractère primitif du prêt.

Trop tôt le prêt s'est détourné de la ligne que la
justice avait tracée devant lui, et quand le prêteur,
au lieu de livrer gratuitement, a exigé de l'emprunteur un intérêt quelquefois exorbitant, quand non
content de fixer cet intérêt il s'est fait remettre des
objets d'une valeur équivalente à celle de l'argent
qu'il prêtait, afin de se garantir en cas de non remboursement, alors le prêt s'est trouvé dépouillé du
lustre qui l'ennoblissait à tous les yeux; cessant d'être
un acte désintéressé et digne d'éloges, il s'est rabaissé
au niveau d'un acte de commerce, justifié par l'exemple, permis par les lois, mais étranger à toute idée de
bienfaisance.

Si l'on éloigne d'entre ceux qui empruntent et ceux
qui prêtent, toute pensée de dévouement et de reconnaissance, il ne reste plus qu'à calculer.

On a demandé ce que représentait l'intérêt d'une
somme prêtée? Quelques auteurs ont répondu qu'il
représentait le produit du travail auquel aurait pu se
livrer le capitaliste s'il eût conservé son argent. D'autres ont dit que cette réponse était trop vague, qu'en
adoptant ce système l'intérêt devrait varier d'après
la situation et l'industrie plus ou moins grande du
prêteur, et qu'enfin un prêteur qui ne faisait pas valoir son argent ne pourrait pas exiger d'intérêt; qu'il
était plus naturel de reconnaître dans l'intérêt une
prime donnée au prêteur pour le rassurer contre les
chances de non-remboursement. Une troisième opinion a été avancée, elle tendait à soutenir que l'in-

térêt représentait à la fois et le travail possible du
prêteur et la garantie contre le non-remboursement.
Cette opinion est la plus plausible. Adoptons-la. On
voit de suite où elle va nous conduire. Là où il n'y a
aucune chance de non-remboursement, l'intérêt doit
baisser de moitié. Dans un pays où le taux habituel
de l'argent est de 6 pour 100, dans ces 6 pour 100 il y
en a 3 pour le travail possible du prêteur et 3 pour
les risques qu'il court. S'il prend un gage, s'il se garantit lui-même contre toutes les chances de non-remboursement, il ne peut plus prétendre à la seconde
portion d'intérêt, il ne recevra donc que 3 pour 100.

Posons comme principes incontestables :

1°. Que le prêt sur gages est un acte de commerce
et non de charité ;

2°. Que le prêteur sur gages qui prend un intérêt
plus fort que la moitié de l'intérêt légal ou réel fait
un acte injuste.

Toute institution qui reposera sur le prêt sur gages
ne sera donc pas qualifiée de plein droit, *établissement de bienfaisance*. Nous réserverons ce titre honorable pour ces institutions malheureusement trop
rares, qui commandent un sacrifice quelconque dans
une vue d'humanité.

Il est temps de pénétrer dans l'intérieur de ces établissemens et de suivre avec attention leurs divers
mouvemens.

Je me suis imposé l'obligation de ne tirer aucune
conclusion générale de faits particuliers. Je ne crois
pas avoir manqué à cette règle. J'insiste fortement
sur ce point, parce qu'on a dit qu'écrivant à Paris je
n'avais vu que les abus dont mes yeux étaient frappés
chaque jour. Si ce reproche était fondé, ma critique

pêcherait précisément par sa base. Je déclare donc
que je tiens très-peu aux faits particuliers cités dans
ce mémoire; ils sont tombés sous ma plume, je ne
les ai pas laborieusement recherchés. J'engage le lecteur
à suivre l'exemple que je lui donne, à reporter toute
son attention sur les idées générales, et à être persuadé que c'est seulement dans cet ordre d'idées que
j'ai puisé mes objections contre les Monts de Piété.

§ III. Les Monts de Piété sont contraires au goût du travail, à
l'économie et à l'esprit de propriété.

Les institutions qui régissent un peuple, influent
différemment sur les diverses classes qui le composent.
Cependant le législateur ne peut varier ses décrets
d'après la situation de chacun de ceux qui les reçoivent. Il est contraint de supposer tous les hommes
pourvus des mêmes lumières. Combien dans l'application ne trouve-t-il pas de mécomptes? Les
classes élevées, peuvent résister à l'action des mauvaises lois, leurs richesses, leurs lumières, sont
autant de moyens à l'aide desquels elles savent lutter
contre les fautes du législateur; et lors même qu'elles
ne pourraient pas sortir victorieuses de cette lutte,
il leur reste encore cette force d'inertie contre laquelle
la puissance des lois vient souvent échouer. La situation des classes inférieures est bien différente : hors
d'état de distinguer, dans une institution, ce qui est
bon de ce qui est mauvais, trop aveuglées par le besoin
pour pouvoir juger et choisir ou pour savoir attendre,
elles s'emparent avec force de tout ce qui leur est
offert. Une institution est-elle créée en leur faveur :
elles s'abandonnent sans réflexion à l'énergie de son

influence, elles assujettissent aussitôt leurs idées, leurs
mœurs, leur vie entière aux volontés ou aux caprices
de cette institution, elles se repaissent en quelque
sorte de ses défauts comme de ses avantages.

Les gouvernemens doivent donc se garder de soumettre ces classes de la société à des essais; tout ce
qui est destiné à agir sur elles doit être long-temps
mûri. Il faut apporter le plus grand scrupule à ne faire
circuler dans leur sein que des idées qui puissent leur
être utiles, que de ces idées qui ne présentent aucun
danger, alors même qu'elles sont exagérées par l'igno-
rance. Dans ses haines comme dans ses affections, le
peuple ne reste jamais dans de justes limites, toujours il dépasse le but. *Travail* et *économie*. Voilà
deux mots qui renferment des idées dont jamais
on ne peut faire abus. Eh bien! ce sont des idées
qui doivent servir de germe à toutes les institutions
destinées au peuple. Admettons, sans examen, l'établissement qui aura pour but de propager, dans les
rangs inférieurs de la société, le goût du *travail* et
celui de l'*économie;* mais aussi éloignons, sans examen, l'établissement qui ne devrait pas répandre dans
le peuple l'habitude du *travail* et de l'*économie*.

Je demande donc si les Monts de Piété encouragent
le travail, encouragent l'économie; de la réponse dé-
coulera notre décision.

Je ne crains pas de dire que les Monts de Piété n'ex-
citent ni à l'une ni à l'autre de ces vertus (je crois pouvoir appeler le travail une vertu).

Encouragent-ils le travail? Oui, si, en prêtant de
l'argent, ils imposent à l'emprunteur la clause de l'employer à la reproduction, s'ils suivent leur argent et
président à son emploi; mais je ne connais pas un

seul Mont de Piété qui agisse de la sorte : je doute
même qu'il en puisse exister. Que font nos Monts de
Piété? Ils donnent leur argent, prennent le nantissement, puis après tournent le dos à l'emprunteur. Libre
à lui de faire de ce qu'il a reçu le plus funeste usage.
Sans doute il peut l'employer avec sagesse, mais s'il
agit ainsi, l'honneur en est à lui, à lui tout seul, et
non au Mont de Piété qui l'a abandonné sans conseils,
sans avis, sans direction, sans garantie, aux excita-
tions irréfléchies de la misère.

Les Monts de Piété sont-ils plus favorables à l'économie?

On peut dire, avec l'Exposé des motifs de la loi du
16 pluviôse an XII : *Le désir de retirer le dépôt, en restituant le prêt, commandera l'économie.* Je suis très-
porté à admettre cette présomption, elle est plausible; toutefois elle se trouve en opposition avec les
faits, car il est reconnu qu'il n'y a guère que le tiers
des engageurs qui retirent leurs effets du Mont de
Piété, et, dans ce tiers, sont compris les dégagemens
opérés par les spéculateurs qui achètent à vil prix les
reconnaissances des malheureux qui ne peuvent dégager par eux-mêmes. Ce fait est certain, est positif,
partout où il y a un Mont de Piété il y a à côté une
salle de vente.

Remontons à la cause de ce fait.

Si c'est un homme débauché ou paresseux qui a été
porter ses effets au Mont de Piété, certes, cet homme
manque trop de toutes les vertus qui mènent à l'économie pour que le désir de retirer son dépôt le décide
à changer de vie. L'attachement qu'il peut avoir pour
quelques vieux meubles ne le rendra pas subitement
ouvrier laborieux, père de famille rangé, homme éco-

nome et sobre; il laissera vendre son nantissement, ou bien il vendra lui-même la reconnaissance qu'il possède. Dans ce cas, l'avance du Mont de Piété n'aura pas porté cet homme à l'économie, car l'économie est morte pour toujours chez lui.

Si l'emprunteur est, au contraire, un ouvrier sage, rangé, mais malheureux, le résultat sera-t-il le même? Oui, pour le plus grand nombre des cas. Par cela seul que cet homme a recouru au Mont de Piété, je suis en droit de dire qu'il a manqué de prévoyance, qu'il n'a pas su calculer les chances d'infortune qui le menaçaient, qu'il s'est créé des sources de dépenses que la prudence lui conseillait de tenir soigneusement fermées, qu'il a été, sinon coupable, au moins faible et imprudent; cet homme, déjà si compromis par son imprévoyance, que fait-il? Il en appelle non plus au travail, non plus à une noble et généreuse ardeur, mais à des emprunts onéreux : *il va chercher de l'eau chez son voisin*, pour me servir d'une pensée de Platon, *avant d'avoir fouillé et creusé dedans son propre fonds jusqu'à l'argile*, bientôt il s'est procuré de l'argent avec une facilité qui l'étonne; naguères pour obtenir quelques pièces de monnaie il fallait ravir à la nuit les instans du repos et les donner au travail, aujourd'hui il a trouvé de l'argent sans efforts, sans travail, grâce à un faible sacrifice, dont il n'aperçoit pas encore toute l'importance.

Ce qu'il n'a pas fait pour prévenir le mal, vous supposez qu'il le fera pour le réparer, qu'il retrouvera miraculeusement ardeur pour le travail et habitude d'économie, qu'il repoussera toutes les mauvaises pensées que le contact avec le Mont de Piété a fait naître dans son esprit, et que, sortant victorieux

3 '

de la lutte contre le besoin, il trouvera dans des qualités, que nous avons démontré ne plus exister en
lui, les moyens de pourvoir à ses besoins de tous les
jours, et, en même temps, de se libérer des engagemens qu'il a conclus avec le Mont de Piété. Je ne puis
admettre une semblable contradiction; quelques rares
exceptions ne prouveront rien contre mon avis, et je
dirai que le pauvre qui a été une fois au Mont de Piété
y retourne, et que tout homme qui compte le Mont de
Piété au nombre de ses ressources est un homme
ruiné. Ainsi s'expliquera cette vente périodique d'une
multitude d'effets déposés en gage, que tout à l'heure
je signalais comme un résultat nécessaire de l'existence
des banques publiques de prêt sur nantissement [1].

Une idée vraiment funeste pour le peuple, que les

---

[1] Il vient de se former à Paris un établissement qui s'intitule :
*Caisse de prévoyance pour le dégagement des effets déposés au Mont
de Piété.* Il se propose de faciliter aux pauvres les moyens de dégager leurs nantissemens, et, sous ce rapport, nous ne saurions trop
lui décerner des éloges. Les plus petites sommes sont reçues et
inscrites au nom du déposant; quand elles ont atteint une certaine quotité, elles commencent à porter intérêt. C'est, comme
on le voit, le principe bienfaisant des caisses d'épargnes opposé
au principe funeste des Monts de Piété. La prime exigée par cet
établissement n'étant que de 3 p. 100, je me plais à croire qu'il n'est
créé que dans le seul but de porter aide et secours aux indigens.
S'il prospère, plusieurs des inconvéniens reprochés aux Monts de
Piété seront atténués, sans que pour cela l'institution des Monts
de Piété devienne meilleure, car ce remède ne sera pas présenté
par elle-même; mais bien au contraire il sera dirigé par une institution rivale contre le plus saillant de ses défauts. Pour nous,
adversaire des Monts de Piété, qui ne pouvons espérer de les
voir fermer, notre tactique doit être de favoriser le plus possible
la fondation de caisses de prévoyance dans les villes où les Monts
de Piété sont en faveur, ou de demander que les Monts de Piété
se chargent eux-mêmes de l'office des caisses de prévoyance.

Monts de Piété font naître, répandent et entretiennent, c'est qu'on peut en quelques instans, sans embarras, sans frais, échanger contre de l'argent tout ce que l'on possède. Accréditer une pareille idée, c'est forfaire au malheur, c'est tendre un piége à l'infortune.

Les indigens s'intéressent fort peu au bien-être social. Comment en serait-il autrement? Cet ordre de société que nous contemplons nous autres avec admiration leur semble créé contre leurs intérêts, et dans le seul but de protéger les riches. De là ces haines, que l'on comprime long-temps, mais qui, toujours aux aguets, s'échappent dès l'instant que la loi sommeille, et viennent effrayer la société en lui révélant sa faiblesse. Il existe un merveilleux spécifique contre ces fureurs trop excusables de la pauvreté, c'est la propriété. Dès l'instant que le prolétaire commence à posséder quelque chose, ses pensées changent à son insu, et changent même avec une singulière rapidité. Le pauvre d'hier sent qu'il a besoin d'une garantie contre les pauvres d'aujourd'hui ; il respecte afin d'être respecté ; il confond ses faibles intérêts avec les grands intérêts de la société ; en un mot, il devient meilleur.

Telle est la force de cet esprit de propriété qu'il se montre, quand même il ne s'agit que de la possession de quelques meubles. L'ouvrier qui peut, aux jours de fête, se couvrir d'habits simples mais propres, qui a garni la chambre où il demeure de quelques meubles solides, devient déjà une espèce de propriétaire. S'il joint à tout cela quelque bijou, quelque pièce d'argenterie, il s'élève jusqu'à la fierté ; fierté honorable, puisqu'elle provient du travail et qu'elle enfante l'amour de l'ordre.

3.'

Si nous portons maintenant nos regards sur cet ouvrier vagabond, qui aujourd'hui travaille chez un
maître, demain chez un autre, qui passe les nuits dans
ces maisons ouvertes à tout venant, et n'a pour fortune
que ce qui est dans sa poche et sur ses épaules, nous
aurons bientôt décidé quel est de ces deux ouvriers
celui que la société doit craindre et surveiller.

Il faut donc donner au peuple l'esprit de propriété ;
et, puisque les individus qui le composent ne peuvent
pas s'élever jusqu'à posséder quelque fraction du sol,
il convient de les attacher, autant que possible, à la
propriété mobilière, la seule qu'il leur soit donné d'atteindre.

Les Monts de Piété ne sont-ils pas précisément constitués en opposition à ce principe ? L'affirmative me
paraît hors de doute.

Les Monts de Piété sont des maisons où tous les
jours, à toute heure, le pauvre peut porter ses effets,
ses meubles, ses outils, sans qu'il ait le moindre
compte à rendre à qui que ce soit ; ce sont donc des
établissemens destinés à détruire cet esprit de propriété dont j'ai déduit plus haut les excellens effets, et
à changer le prolétaire en un vagabond.

Je voudrais voir les gouvernemens déployant, pour
établir et consolider les caisses d'épargnes, une partie
du zèle que naguères ils ont montré pour fonder des
Monts de Piété. Combien les résultats seraient différens ! Que de changemens s'opéreraient dans les habitudes, dans les mœurs, dans la moralité des classes
ouvrières ! En 1817 le parlement d'Angleterre ordonna
une enquête sur l'état des pauvres. On fit dans le comité
la question suivante à M. William Halle : « Avez
» vous vu s'adresser à la paroisse des individus qui

» avaient mis de côté une somme considérable? » Voici
la réponse. « Je n'ai jamais vu d'exemple qu'une per-
» sonne qui avait fait des épargnes se soit adressée à
» la paroisse, et, en général, tous les individus qui
» font des épargnes sont meilleurs ouvriers; s'ils ne
» travaillent pas mieux ils se conduisent mieux, ils
» sont plus méritans; et j'aimerais mieux employer
» cent ouvriers qui font des épargnes que deux cents
» qui dépensent ce qu'ils gagnent. A mesure que les in-
» divus épargnent un peu d'argent leur moralité aug-
» mente; ils ménagent ce peu d'argent, leur moralité
» y trouve un appui, et la pensée qu'ils ont un enjeu
» dans la société les porte à se mieux conduire. » Les
Monts de Piété me semblent jugés par cette réponse
qui nous montre si clairement le but vers lequel nous
devons tendre.

§ IV. Les Monts de Piété offrent aux pauvres trop de facilités
pour se procurer de l'argent.

Je reviens sur un point très-important. Nous con-
naissons déjà quels sont les habitués du Mont de Piété;
ce sont des gens qui se trouvent dans l'indigence par leur
faute, c'est-à-dire qui y sont amenés, les uns par le désordre et par le libertinage, les autres par l'insouciance
et la faiblesse. Ces deux classes d'individus ne sont pas
tombées au dernier degré de la pauvreté, quelques ressources présentes existent encore; l'avenir n'est pas
fermé à tout espoir, puisqu'en engageant ses effets
le nécessiteux se flatte toujours, quoique le plus souvent sans raison, qu'il pourra un jour les retirer des
mains des prêteurs.

Cela posé, je dis que, relativement à ces deux

classes de malheureux, la société, en établissant des
Monts de Piété, fait précisément le contraire de ce
qu'elle devrait faire.

Un ouvrier paresseux, débauché, ivrogne, se trouve
sans argent. L'envie de satisfaire quelque passion bru-
tale naît dans son cœur; accoutumé à ne jamais com-
mander à ses passions il ne cherchera pas à combattre
cette envie; son unique occupation sera de se procurer
de l'argent, peu importe à quel prix. Quelle conduite
la charité nous conseille-t-elle de suivre à l'égard de
cet homme? Nous empresserons-nous de lui offrir de
l'argent? Mais ce serait le pousser à la débauche, et
se rendre complice de ses fautes; forçons-le d'attendre. Quand ses sens seront calmés, alors nous songe-
rons à venir à son secours par quelque moyen vraiment
humain; voilà ce que la prudence ordonne. Quant au
Mont de Piété, sa conduite est tout autre; il offre de
l'argent à quiconque se présente, au joueur, qui dans
son affreuse illusion se figure qu'il va enfin regagner
ce qu'il a perdu, et qui cherche partout assez d'argent
pour rentrer de nouveau dans le gouffre dont il sort;
au débauché, qui, sous le poids des chaînes les plus
sales, n'ose rien refuser au dégoûtant objet de ses
amours; à cet ivrogne, enfin, qui, tout gorgé de vin,
vient mettre en gage ses vêtemens pour continuer ou
recommencer ses orgies. Ainsi donc, un homme du
peuple enclin au mal, tant qu'il ne sera pas identi-
quement nu, est assuré de trouver à chaque moment
de la journée de l'argent au Mont-de-Piété. De crainte
que, chemin faisant, il ne réfléchisse et qu'une heure
de marche ne calme le bouillonnement de son sang, on
placera à sa porte des bureaux de commission qui
lui épargneront jusqu'à la fatigue d'aller au Mont de

Piété. Afin qu'il n'en ignore, d'énormes enseignes, et, pendant la nuit, des lanternes resplendissantes frapperont ses yeux et exciteront ses désirs. Chose tristement caractéristique! il y a aujourd'hui dans Paris vingt-quatre bureaux de commissionnaires au Mont de Piété, un est établi dans le Palais-Royal, et trois dans le voisinage de ce repaire de tous les vices. De bonne foi, en agir de la sorte, n'est-ce pas fournir des alimens à la débauche? Si tant est que les Monts de Piété soient destinés à secourir la classe ouvrière, établissez-les alors dans ces faubourgs éloignés où sont entassées les pauvres familles, et ne les placez pas à la porte des maisons de jeu ou de prostitution, car, alors, vous en fermerez l'accès aux honnêtes gens.

J'ai déjà eu occasion de parler de ces pauvres que la faiblesse et l'imprévoyance conduisent au Mont de Piété, mais qui n'y sont point amenés par l'inconduite; tout notre intérêt est dû à ces êtres vraiment malheureux. Examinons donc avec soin l'effet que produira sur eux la faculté d'emprunter sur gage. Il ne s'agit plus de comprimer les passions, de gagner du temps, d'attendre; il faut bien plus, il faut ranimer l'énergie d'un homme en proie à la misère, empêcher qu'il ne s'avilisse en tendant bassement la main, lui faire sentir vivement tout le prix de l'ordre, de l'économie et du travail. Pour atteindre ce but, qu'on ne craigne pas, je le dis à regret, de le laisser un instant souffrir; ces douleurs seront une richesse, car elles préviendront le retour de la misère.

Accepter les meubles ou les vêtemens de cet homme, et lui donner à ce prix une somme d'argent, sur laquelle il ne comptait pas, c'est l'accoutumer à voir ailleurs que dans le travail des ressources contre l'infortune, c'est lui ôter l'esprit d'ordre et de propriété dont il a si grand besoin, c'est l'endormir sur les progrès du mal qui le ronge. Cet emprunteur vous inspire de l'intérêt; il est sage et rangé, il est surchargé d'une nombreuse famille, donnez-lui du travail, faites-lui quelques avances, instruisez-le, bientôt, soyez-en sûr, il aura dompté la mauvaise fortune. On préfère lui prêter de l'argent sur gage, et on croit avoir fait une belle action! Que l'on sache bien, je ne saurais trop le répéter, que l'homme qui a mis une fois le pied dans les Monts de Piété y retourne à chaque moment. Je laisse au lecteur le soin de décider ce que l'on doit attendre de ménages qui subsistent d'emprunts sur gages, et si on peut jamais voir reparaître chez eux l'ordre et l'économie.

Disons donc qu'ouvrir l'accès du Mont de Piété au débauché, c'est lever la seule barrière qui arrête ses vices; l'ouvrir au pauvre coupable seulement d'imprévoyance ou de paresse, c'est l'exciter à l'imprévoyance et à la paresse.

Je pressens l'objection que l'on peut faire contre ce que je viens de dire.

On soutiendra que, s'il n'existait pas de Monts de Piété, les pauvres vendraient leurs meubles, ce qui serait également contraire aux principes que j'ai posés précédemment. J'en conviens; mais considérez combien cette vente sera difficile : les pauvres gens n'ont guères à leur disposition que des effets de peu de valeur; quand ils veulent s'en défaire, il faut chercher et trouver un acquéreur, chose qui n'est pas toujours facile; cette vente ne se consomme pas sans difficultés, sans retards, sans contestations, et même sans quelque désagrément pour le vendeur dont elle publie la pénurie. J'entrevois dans cette opération assez d'obstacles pour être pleinement rassuré. Je cherche vainement, dans tout ce qui l'amène, la précède ou la suit, ces excessives facilités et ce mystère, si favorables aux relations du Mont de-Piété.

Assurément, s'il s'élevait dans les grandes villes des établissemens destinés à provoquer ouvertement les indigens à la vente de leurs meubles, je me récrierais de toutes mes forces contre une création qui me paraîtrait immorale ; mais je ne vois aucun danger à laisser le pauvre jouir du droit qu'il a de vendre ce qu'il a acheté ; l'usage de ce droit est entouré d'assez de difficultés et de dégoûts pour que je ne craigne pas de le voir dégénérer en abus.

Ce que je viens de dire d'une vente isolée peut aussi s'appliquer à un prêt sur gage isolé. Rien de plus naturel qu'un individu emprunte sur dépôt de nantissement à son ami ou à son voisin ; le contrat qui sera passé entre ces deux individus sera licite à tous égards.

La provocation publique au prêt sur gage qui résulte de l'établissement des Monts de Piété, voilà ce qui est dangereux pour le peuple. Dans le droit civil, telle chose est juste et légale, considérée dans ses rapports avec les particuliers, qui deviendrait funeste si on la généralisait et si on en faisait institution publique. Il est très-bon que les tribunaux séparent deux époux pour qui la vie commune est devenue un tourment insupportable, et qu'il se trouve des avocats toujours prêts à réclamer cette séparation ; mais que dirait-on si l'on voyait s'élever dans Paris un établissement destiné à faciliter aux époux la séparation de corps ?

§ V. Les Monts de Piété sont pour les indigens moins des banques de prêt que des maisons de vente.

J'ai, je crois, assez insisté sur le tort que l'on fait
aux pauvres en les excitant à vendre le peu d'effets
qu'ils possèdent. Je n'ajouterai rien de plus sur ce
sujet, je témoignerai seulement ma surprise qu'un
homme aussi humain et aussi éclairé que Turgot ait
pu dire : « Celui qui emprunte sur gage emprunte sur
un effet dont il lui est absolument possible de se
passer. S'il n'est pas en état de rendre le capital et
les intérêts, le pis qui puisse lui arriver est de perdre
son gage, et il ne sera pas beaucoup plus malheureux
qu'il n'était » [1].

Je vais maintenant m'attacher à prouver que les
Monts de Piété achètent beaucoup plus qu'ils ne prêtent, et que les pauvres qui voient vendre leurs gages
sont un peu plus malheureux que ne le croyait
Turgot.

Les Monts de Piété sont des maisons de vente. Pour
témoignage de cette vérité, je n'aurais presque besoin que de faire lire, à ceux qui la révoquent en
doute, cette multitude d'affiches qui couvrent les murs
de Paris. Chaque mois l'administration du Mont de
Piété fait placarder sur nos murailles d'immenses pan-
cartes annonçant l'heure et le jour où seront vendus
les effets non dégagés. De leur côté, les spéculateurs
sur les reconnaissances inondent la ville de petits bul-
letins portant : En tel endroit *on dégage les effets mis
au Mont de Piété, et l'on achète les reconnaissances.*

---

[1] Mém. sur les prêts d'argent, t. V. de ses œuvres, p. 330.

Ici je vois vendre les dépôts, là les reconnaissances. A ces signes je reconnais, je le répète, non plus une banque de prêt, mais une maison de vente.

Pourrait-il en être différemment ?

Il faut qu'un ouvrier soit bien misérable, bien dénué de toute ressource, bien abandonné de tout le monde, pour se trouver dans la nécessité d'engager au Mont de Piété les effets ou plutôt les nippes que j'y ai vu vendre. S'il n'a pu attendre un seul instant de plus, si vainement il a été frapper à toutes les portes pour obtenir du travail ou des secours, si enfin le Mont de Piété est devenu sa seule et dernière ressource, assurément cet homme est arrivé au dernier degré de la misère; alors comment penser qu'il pourra dans le cours de l'année gagner assez pour dégager son dépôt. La somme prêtée, promptement engloutie, ne laissera nulle trace après elle. Ce malheureux emprunteur n'a pas à choisir, il ne peut attendre la fin de l'année pour toucher l'excédant de valeur du gage sur la somme prêtée, nommé *boni*; alors il vend sa reconnaissance à d'infâmes spéculateurs qui abusent criminellement de sa triste situation sans donner la moindre prise à la vengeance des lois.

Voilà le genre de ventes que le Mont de Piété encourage.

Cependant, dira-t-on, tous les objets déposés au Mont de Piété ne sont pas vendus; j'en conviens, beaucoup sont dégagés avant le terme fatal; mais par qui le sont-ils? par ceux-là mêmes pour qui ne sont pas établis les Monts de Piété, par ces riches malaisés qui préfèrent recourir à ces établissemens plutôt que de fatiguer la bonne volonté souvent débile de leurs

amis. Ceux-là peuvent dégager, il est vrai : j'aimerais mieux que les rôles fussent changés.

Je me proposais de prouver une seule chose, c'est
à savoir que les Monts de Piété achètent plus qu'ils
ne prêtent. Je crois y être parvenu. N'appelons donc
plus desormais ces établissemens des banques de prêt,
mais bien des maisons de vente.

Si les Monts de Piété remplissaient le but dans lequel ils ont été fondés, on ne devrait pas dans toute
une année y vendre un seul nantissement. Quand la
société prête à un malheureux une somme d'argent,
ce n'est pas pour qu'il aille la dépenser follement,
c'est dans l'espérance que, relevé par ce secours, il
pourra, en redoublant d'efforts, sortir de l'embarras
où il se trouve. Pour que cette intention se réalisât,
il faudrait, comme déjà je l'ai dit, que le Mont-de-
Piété pût prescrire et surveiller l'emploi des fonds
qu'il avance ; ne le faisant pas, il renonce à tous les
bons effets qui pourraient naître de son prêt, et laisse
au désordre le soin de le dévorer. Ne nous trompons
pas, la vente du nantissement n'est point le résultat
prévu et naturel du contrat passé entre l'emprunteur
et l'établissement, c'est au contraire une preuve que
le prêt a manqué son but, qu'il n'a rien fait autre chose
que d'aggraver la position de celui qui l'a obtenu ; or,
comme l'immense majorité des effets déposés sont
vendus, voyez quelle conclusion nous devons en
tirer.

Les banques de prêt ainsi réduites à n'être que des
maisons de vente, je dis que les ventes opérées par
leur moyen sont moins favorables au déposant que
les ventes ordinaires faites de gré à gré entre particuliers. J'avance cette proposition avec quelque timi-

dité, car je sais qu'on s'empressera de me répondre
que le Mont de Piété vend franchement et loyalement
par le moyen d'enchères publiques , et qu'on ne peut
comparer ses opérations aux coupables manœuvres
des brocanteurs. J'en conviens ; mais que l'on consente
à me suivre dans des calculs bien simples, et l'on
saura promptement à quoi s'en tenir sur les immenses
avantages des ventes opérées par les Monts-de-Piété.

Comme la question n'est pas sans importance, je
me suis décidé à être le témoin du fait que je vais
citer ; je me flatte que mon affirmation les mettra
hors de doute.

Un bijou a été porté dans le bureau d'un commissionnaire au Mont de Piété de Paris. Examen fait de
cet objet, on a consenti à prêter 175 francs. Le bijou
retiré peu de temps après du Mont de Piété, a été
présenté à trois différens joailliers ; le plus accom-
modant en a offert 220 francs. Examinons attentivement ces deux faits et tirons-en quelques conséquences.

En vertu de l'article 58 du règlement du Mont de
Piété, du 8 thermidor an XIII, le montant des sommes à prêter est réglé, quant aux nantissemens en vais-
selles ou bijoux d'or ou d'argent aux $\frac{4}{5}$ de leur valeur
au poids, et quant à tous les autres effets, aux $\frac{2}{3}$ du
prix de leur estimation. Le bijou dont il est ici question était une montre, et les appréciateurs ayant intérêt à affaiblir leur estimation, j'admettrai que les
175 francs représentaient non les $\frac{4}{5}$ mais les $\frac{2}{3}$ de la
valeur réelle de l'objet. Cet objet valait donc aux
yeux du Mont de Piété 262 francs 50 centimes ; donc
cet établissement donnait 42 francs 50 centimes de
plus que les bijoutiers.

Pour rentrer dans la vérité , il faut maintenant

éloigner l'écrivain qui fait des expériences sur une institution dont il veut démontrer les vices, et mettre en sa place un pauvre malheureux qui recourt par nécessité au Mont de piété et qui laisse vendre les effets qu'il y a portés.

A la fin de l'année, les 175 francs n'étant pas remboursés, l'objet est vendu et il produit comme on l'avait pensé 262 francs 50 centimes. Mais le Mont de Piété commence par retenir sur cette somme son droit de 12 pour 100 par an, calculé sur le capital de 175 fr. ci. . . . . . . . . . . . . . . . . . . . . . . . . . . . 21 fr.    c.

Le commissionnaire a prélevé ses 2
pour 100 pour engagement, ci. .    3    50
Le Mont de Piété exige pour frais
d'annonce un droit de 1 pour 100
ci. . . . . . . . . . . . . . . . . .    1    75
Les commissaires priseurs ont pour
leurs vacations 2 pour 100, ci. . .    3    50

Total de tous les droits à acquitter. . .    29    75

Il faut donc diminuer l'avantage fait par le Mont de Piété de 29 francs 75 centimes, et alors il n'est plus que de 12 francs 35 centimes, c'est-à-dire $\frac{1}{21}$ du capital. Voilà donc cette grande supériorité des ventes faites par le Mont de Piété! Assurément, il y a avantage de leur côté ; mais cet avantage est-il donc si grand? et, d'ailleurs, n'est-il pas effacé par cette considération que les marchands donnent de suite toute la valeur de l'objet qui leur est vendu, tandis que le Mont de Piété fait attendre 13 longs mois le complément de la valeur du nantissement? Cette circonstance n'est pas, comme je vais le montrer, sans quelque importance.

Les gens du peuple connaissent peu l'art de bien employer l'argent; assaillis de besoins, ils courent au plus pressé. La misère ne compte pas, ou compte mal. Je crois cependant que l'instinct porte le pauvre à réfléchir sur l'emploi d'une somme un peu considérable; tandis qu'une somme très-faible est reçue et dépensée par lui avec insouciance. Le pauvre qui possède un louis ne pense pas de la même façon que le pauvre qui possède un écu. « Songez aux schellings, » disait lord Chesterfield à son fils, « les guinées se défen-» dent elles-mêmes. » Je ne dis pas qu'il faille donner de l'or au malheureux qui est à peine vêtu, je crois seulement que, toute surveillance de l'emploi étant écartée, on agit plus sagement en ne morcelant pas la somme que l'on remet à un indigent.

Les Monts de Piété donnent à l'engageur les $\frac{2}{3}$ de la valeur du nantissement, puis un an après ils vendent le gage, se paient de tous leurs droits, et remettent au pauvre le restant.

Ainsi pour un objet dont la valeur réelle est de 100 francs, l'emprunteur reçoit 66 francs 66 centimes. Que fera-t-il de cette faible somme? Établira-t-il à son profit une branche de commerce? j'en doute fort : payer une partie de son loyer, quelques dettes pressantes, voilà tout ce qu'il peut faire. A la fin de l'année le gage est vendu, il revient à l'indigent 33 francs 33 centimes. Mais il faut acquitter les droits, ces droits montent bien à 20 francs; voilà donc un boni de 13 francs 33 centimes qui lui est remis. Dira-t-on que ce boni est une économie, un véritable pécule réservé pour un temps éloigné et qui sera d'autant mieux reçu qu'on ne songeait plus à lui; mais pourquoi penser que l'emprunteur fera bon emploi de cette bagatelle

quand il n'a pas su tirer parti du prêt principal. Les
paiemens du prêt principal et du boni sont séparés
par une année entière ; pendant cette année, les besoins
ont reparu, un instant de répit ne leur a pas enlevé
toute leur énergie et ils dévoreront le boni tout comme
ils ont dévoré le prêt principal. Au lieu d'en agir de
la sorte, achetez franchement les meubles et les hardes
des nécessiteux, payez en le prix intégralement : je
n'affirme pas qu'ils en feront le meilleur usage, je
crois seulement qu'il y a plus de chances pour qu'ils
n'en mésusent pas. Je le répète, j'aimerais mieux
qu'on ne prêtât ni n'achetât ; mais puis qu'on le fait,
je signale un abus dans la manière dont on agit.

§ VI. Les Monts de Piété reçoivent des objets d'une trop faible
valeur.

Je lis dans la *Gazette des Tribunaux* ( 15 janvier 1828 ), que le tribunal correctionnel d'Arras a condamné à trois jours de prison et à 16 fr. d'amende,
un individu qui avait ouvert une maison où il prêtait
sur gage des sommes inférieures au *minimum* du Mont
de Piété sans avoir obtenu d'autorisation [1].

Or, quel est ce minimum ? 2 francs !

Un établissement public qui prête une somme de
2 fr. *sur gage!* Y a-t-il quelque chose au monde de plus
inhumain et de plus absurde? Je dis inhumain, parce
qu'on doit rougir d'exiger un gage de l'homme assez
malheureux pour venir demander 2 fr. ; je dis absurde,
parce qu'on ne secourt pas un pauvre en lui donnant
une pareille misère. A l'ouvrier assez indigent pour

[1] Voyez les pièces justificatives.

vouloir emprunter 2 fr. sur gage, procurez du travail ;
il ne lui en faudra pas beaucoup pour qu'il gagne la
faible somme, objet de son ambition. Mais, au nom
de l'humanité, ne lui enlevez pas le dernier vêtement
qui lui reste ; car alors vous le pousseriez au désespoir,
et le désespoir du pauvre est bien voisin du crime !

Il semble que les Monts de Piété ont été créés
pour résoudre le problème difficile de faire payer
quelque chose à ceux qui n'ont rien. La pauvreté, que
les anciens appelaient une *chose sacrée*, est le fonds
que les Monts de Piété exploitent ; et avec quel triste
succès ne le font-ils pas !

Ce sont les prêts infimes qui popularisent les Monts
de Piété, et font que leur action descend jusqu'aux
plus bas étages de la société. Grâce à eux, l'ordre et
l'économie disparaissent de ces pauvres ménages dont
elles sont toute la fortune. « Le plus souvent, » dit
M. de Gérando [1], «nous sommes avertis trop tard ;
» nous arrivons quand tous les effets sont engagés,
» quand ils sont au moment d'être vendus ; on nous
» montre des paquets de reconnaissances du Mont de
» Piété ; c'est un malade qui attend d'être à l'agonie
» pour appeler son médecin. Que pouvons-nous alors ?
» Où trouver subitement la somme nécessaire pour ré-
» cupérer toute la dépouille ? Puisse donc la sollicitude
» du visiteur du pauvre avoir été éveillée assez à temps
» pour prévenir ces désastreuses opérations ! Qu'il ar-

---

[1] Dans son excellent ouvrage intitulé, le *Visiteur du Pauvre*,
p. 225, M. de Gérando ne me semble pas partisan des Monts de
Piété. L'opinion d'un homme si bienfaisant et si éclairé, n'a pas
peu contribué à me faire embrasser celle que j'ai entrepris de développer dans ce Mémoire.

» rête son protégé avant de le laisser s'engager sur cette
» pente qui le conduit dans l'abîme ! »

S'il faut absolument des Monts de Piété, qu'ils existent donc ; mais au moins qu'ils ne reçoivent que les
superfluités du riche prodigue et malaisé, et non pas
le nécessaire du pauvre.

§ VII. Les Monts de Piété demandent le même intérêt au riche
qu'au pauvre.

Je conçois que le prêteur à la petite semaine exige
un égal intérêt et du riche qui lui demande de l'argent
pour satisfaire un caprice frivole, et du pauvre qui
le sollicite au nom de ses enfans expirans d'inanition.
Il doit ménager le riche avec lequel il fait plus d'affaires et de plus grandes affaires qu'avec l'ouvrier ; il
lui donnera donc, comme une preuve de son désintéressement, la règle qu'il s'est imposée de faire payer
à chacun un égal intérêt. Quant au pauvre, comme
l'usurier n'a pas de motifs pour le ménager, puisqu'il
ne doit faire, dans ses relations avec lui, que de faibles profits, dès qu'il le tient en son pouvoir il le pres-
sure sans scrupule, en le traitant de la même façon
que le riche malaisé. Les Monts de Piété imiteraient
une semblable conduite ! Ils abjureraient à ce point
toute idée de justice ! ils se placeraient sur la même
ligne que les misérables qu'ils sont chargés de combattre ! Voilà ce que je ne puis concevoir.

Je sais qu'établir un intérêt variable est une chose
difficile, peut-être impossible.; car, si cet intérêt doit
changer d'après la situation des individus, et le plus
ou moins de pitié qu'ils inspirent, ces élémens se
diversifient à l'infini et sont difficiles à apprécier.

Calculer une échelle d'intérêts depuis 1 pour 100 jusqu'à 12 pour 100, appliquer ce taux variable aux emprunteurs d'après les preuves qu'ils fourniraient de
leur situation réelle, me semble chose impossible. Il
faudrait des journées entières de discussions pour placer
un individu dans la catégorie qui lui appartiendrait
réellement; et, plutôt que de passer par cet examen
inquisitorial, l'emprunteur préférerait aller simplement vendre son nantissement au premier brocanteur.

Que concluons-nous de cela? Que l'institution des
Monts de Piété est si vicieuse qu'on éprouve à chaque
instant l'impossibilité de la ramener aux principes de
l'équité.

§ VIII. Les Monts de Piété font naitre les spéculations sur les
reconnaissances.

Rien n'égale les ressources et la persévérance des
usuriers. Ce sont les troupes légères de l'armée des
fripons; chassés d'une position ils reparaissent sur le
point où ils étaient moins attendus; il faut ravager
tout le pays qu'ils occupent pour être assuré qu'ils
ne recommenceront pas leur pillage. Appliquons-
nous donc, non pas seulement à réprimer leur avidité, mais à les priver de toutes les occasions de déployer leur funeste industrie. La moindre distraction
de la loi peut devenir pour eux une source abondante
de profits. L'usure veille toujours, que le législateur
soit donc aussi toujours prêt à la combattre. Pourquoi
faut-il que le Mont de Piété se présente à nous comme
un obstacle aux sages desseins du législateur, et que
l'on voie cette institution favoriser une spéculation
scandaleuse qu'elle devrait au contraire réprimer?

4.

J'ai dit que le pauvre n'est conduit au Mont de Piété que par l'inconduite ou la faiblesse, que dès lors l'argent qu'il reçoit lui porte rarement bonheur. Quelques écus n'ont pas le privilége de faire d'un ivrogne un homme sobre et rangé ; d'un ouvrier paresseux un travailleur actif et infatigable.

S'il y avait quelqu'espérance que l'emprunteur remplaçât son désordre par de l'économie, sa faiblesse par de l'activité et de la patience, si le Mont de Piété prenait quelques mesures pour prévenir le mauvais emploi des fonds qu'il prête, l'emprunteur trouverait les moyens de retirer son gage, et il ne lui viendrait pas dans l'idée de vendre le droit qu'il a de recevoir le boni ; au lieu de cela, il dévore en peu d'instans l'argent prêté par le Mont de Piété et se retrouve aussi pauvre qu'auparavant ; seulement il a entre ses mains une reconnaissance dont il peut disposer. C'est à cet homme, dont tout l'avoir se compose d'une reconnaissance du Mont de Piété, que s'adressent ces innombrables affiches qui salissent les murs de Paris, et où l'usure indique effrontément son domicile. J'ai cru un instant que ces affiches étaient apposées par quelque association de personnes charitables, qui, reconnaissant les effets presque toujours funestes des Monts de Piété, s'était formée dans le but de dégager les effets que des pauvres ouvriers auraient imprudemment engagés, de les leur rendre gratuitement, et à la faveur de ce bienfait d'essayer de les ramener au travail et à l'économie. Mon erreur était grande. Ces affiches ne sont qu'un piége tendu aux malheureux, par d'avides spéculateurs. Ils attirent chez eux les engageurs, les séduisent par les plus belles promesses, se font confier les reconnaissances, retirent eux-mêmes

les effets du Mont de Piété, les vendent ou se les
approprient, donnent quelques sous à l'emprunteur
et le chassent ensuite de chez eux. Voilà la manière
d'opérer de ces acheteurs de reconnaissances, jamais
on n'a volé avec plus d'audace ni plus d'impunité : la
loi ne peut rien contre eux, aussi leur nombre est in-
calculable.

Comment peut-on tromper deux fois les pauvres
avec des ruses aussi grossières? Le voici :

Les acheteurs de reconnaissances disent aux engageurs :

1°. Vous payez un intérêt de 12 pour cent au Mont
de Piété. Vous ne pouvez dégager; donc vous le
payerez une année entière. Vainement direz-vous que
vous renoncez au prêt, que vous voulez vendre, il
faudra que vous attendiez la fin de l'année et l'intérêt
courra contre vous pendant tout ce temps.

2°. Le boni après lequel vous soupirez vous ne le
toucherez qu'à la fin du treizième mois, à partir du
jour où votre prêt a eu lieu.

3°. Ayez recours à nous, vous éviterez le paiement
des intérêts pendant tout le temps qui vous reste
à parcourir, et vous recevrez le boni sur le champ.
Ce que vous nous donnerez n'égalera pas ce que vous
auriez payé au Mont de Piété.

Accuserons nous de mensonge l'usurier? Non certai-
nement. Ce qu'il dit est vrai. Il sait profiter dans
son intérêt des imperfections des Monts de Piété, et
il a d'autant plus de facilités à voler les malheureux,
que les raisonnemens qu'il emploie sont péremptoires.
Ne nous étonnons donc plus de voir cette criminelle
industrie prospérer aux yeux de la police, de lire les
affiches de ces usuriers sur tous les murs de la capitale.

Apprenons sans surprise qu'il existe une comique ardeur de pillage et d'escroquerie entre eux. Que celui-ci couvre avec son affiche celle de son voisin; que celui-là paye un homme de peine pour aller arracher toutes les affiches rivales qui sont dans son quartier. Quel est le prix de la victoire? Les dépouilles du pauvre.

Il n'y a, dira-t-on, qu'un moyen de prévenir l'action des usuriers; c'est de donner sur-le-champ à l'emprunteur toute la valeur du gage; mais alors nous exposerions les Monts de Piété à l'accusation que vous avez dirigée contre eux quand vous avez dit qu'ils n'étaient que des maisons de vente. Choisissez entre les deux abus.

Je ne choisirai pas, je constaterai seulement cette vérité, que le Mont de Piété n'a que l'option entre deux inconvéniens également graves. Or, comme il ne consentira jamais à se transformer complètement en maison de vente, qu'il ne le ferait qu'en renonçant à son caractère de banque de prêt, il faut convenir que les friponneries des spéculateurs sur reconnaissances sont encore un résultat nécessaire des Monts de Piété.

N'ai-je pas poussé un peu loin mes concessions en admettant dans mon premier chapitre que les Monts de Piété réprimaient efficacement l'usure?

§ IX. Les Monts de piété favorisent les vols et les soustractions frauduleuses.

Déjà j'ai rendu hommage à la sagesse des règlemens qui régissent le Mont de Piété de Paris. Je vais actuellement mettre sous les yeux du lecteur les dispositions du règlement du 8 thermidor an XIII, qui ont pour but d'empêcher que l'on n'apporte dans cet établissement des effets volés ou soustraits frauduleusement.

Art. 47. « Nul ne sera admis à déposer des nantissemens pour lui valoir prêt à la caisse du Mont de Piété, s'il n'est connu et domicilié, ou assisté d'un répondant connu et domicilié.

Art. 48. « Tout déposant sera tenu de signer l'acte de dépôt de l'effet apporté pour nantissement.

» Si le déposant est illettré, l'acte de dépôt sera signé par son répondant.

» Seront exceptés de la formalité prescrite les actes des dépôts d'effets estimés au-dessous de vingt-quatre francs.

Art. 49. « Lorsqu'il s'élèvera du doute contre le déposant sur la légitime possession ou sur son droit de disposition des effets par lui apportés pour nantissement, il en sera rendu compte aussitôt au préfet de police, le prêt demandé sera provisoirement suspendu, et les effets suspectés seront retenus au magasin jusqu'à ce qu'il en ait été autrement ordonné.»

Depuis quelque temps, à Paris, on exige des emprunteurs, pour preuve de leur domicile, soit une quittance de loyer, soit un passe-port, soit un permis de séjour.

Peut-on prendre plus de précautions sans rendre le Mont de Piété tout-à-fait inabordable? Ne trouve-t-on pas dans ces dispositions, justice, circonspection, prudence? Les Monts de Piété si vantés de l'Italie ont-ils des règlemens qui poursuivent mieux la fraude?

Assurément jamais un voleur ne pourra porter au Mont de Piété les fruits de son crime, nous sommes complétement rassurés sur ce point important.

Ouvrons encore la *Gazette des Tribunaux*, ce tableau si vrai de toutes les infirmités qui affectent l'ordre social.

N°. 675. Un jeune commis (nous taisons son nom)
est mis en jugement devant la cour d'assises de la
Seine. Il avoue qu'entraîné par cette « fatale passion
» qui peuple les prisons et les bagnes, la passion du
» jeu, tantôt il touchait le prix de ses ventes et les
» gardait par devers lui, tantôt il prenait des mar-
» chandises dans les magasins de MM. Quentin et
» Bouvier sous prétexte de les aller vendre, et les por-
» tait au Mont de Piété..... Il remit sur-le-champ à
» MM. Quentin et Bouvier un assez grand nombre de
» reconnaissances du Mont de Piété, et ces derniers
» estimèrent le préjudice qu'il leur avait causé à une
» somme de 2,500 fr. environ. »

N°. 695. « Le nommé Galouzer, chargé de faire les
» chambres de MM. les officiers des gardes, avait ses
» entrées libres dans l'hôtel. Au mois de juillet dernier
» quelques effets appartenant à MM. Bocart et Moret
» furent volés, et les soupçons se portèrent aussitôt
» sur Galouzer, qui avoua sans hésiter sa faute et re-
» mit même à M. Bocart quelques reconnaissances du
» Mont de Piété où il avait engagé les effets volés. »

N°. 724. « ..... Le témoin déclare que Rose lui a
pris ses effets et les a mis au Mont de Piété. »

*L'accusée avec force :* « Cet homme a eu la grossière
impudence de tenir ce propos devant le commissaire
de police. C'est lui-même qui a mis ses effets et les
miens au Mont de Piété ».

Enfin nous lisons l'article suivant dans le nouveau
*Journal de Paris* du 30 novembre 1827.

« Depuis long-temps les magistrats qui dirigent les

débats des assises et de la police correctionnelle ont signalé les graves inconvéniens que présentent les règlemens du Mont de Piété. *Tous les jours les voleurs déposent dans les bureaux de prêt des objets enlevés ;* et, les précautions auxquelles ces règlemens assujettissent n'étant pas assez sévères, souvent les traces des vols échappent à la surveillance du ministère public. Cette observation nous est suggérée par la prévention soutenue aujourd'hui en police correctionnelle contre les nommés Charpentier, Bertrand, Duchemin et Chandor. Charpentier va voir M^me. Martin, qui, le connaissant pour un mauvais sujet, lui adresse quelques observations. Tandis que je lui faisais de la morale, dit-elle, il s'emparait de ma montre, qu'il a ensuite donnée à d'autres, et l'un d'eux l'a portée chez un commissionnaire au Mont de Piété, qui, attendu que lorsque le prêt, suivant les règlemens du Mont de Piété, n'excède pas quinze francs [1], on n'exige, à ce qu'il paraît, que peu ou pas de renseignemens, a reçu la montre. Charpentier, déjà arrêté quatre fois, et qui a subi un emprisonnement de vingt mois, en subira un nouveau pendant un an et demi ; Bertrand a été condamné à deux mois ; les deux autres, absens, ont été condamnés à un an ».

Que sont donc devenus ces règlemens dont tout-à-l'heure encore nous admirions la sagesse ? Ils n'empêchent donc pas de déposer dans les Monts de Piété les objets volés ? Ces établissemens sont donc alors des maisons de recel, complices, pour ainsi dire, des vols dont, sans le savoir, elles cachent les traces aux yeux

[1] Ceci est une erreur, v. l'art. 48, § 3, on peut emprunter une plus forte somme sans être tenu à fournir des explications.

de la justice. Je n'ai cité que peu de faits, j'ai choisi
ceux qui, ayant déjà été publiés, avaient acquis une
certaine notoriété; mais quiconque consentirait à suivre pendant une semaine l'audience de la cour d'assises ou celle de la police correctionnelle, aurait le chagrin de voir chaque jour le Mont de Piété en cause;
les reconnaissances qu'il remet aux emprunteurs se
trouvent sans cesse entre les mains du ministère public comme pièces de conviction, et une institution
dont le nom ne devrait être prononcé que par le père
de famille malheureux, que par l'ouvrier qu'un revers
imprévu accable, se trouve perpétuellement sur les
lèvres de l'escroc, du voleur ou du banqueroutier.
Laissons, laissons l'usure se livrer à ses perfides spéculations si nous ne pouvons les entraver qu'en ouvrant
aux voleurs un lieu public de recel.

Il me sera facile de montrer comment, en dépit des
plus sages règlemens, les voleurs trouvent aide et secours dans les Monts de Piété. On verra avec quelle
facilité le génie du mal peut dénaturer une institution
qui n'est pas assise sur des principes solides.

Un homme commet un vol. Que fera-t-il de l'objet
volé? permis à lui d'aller le vendre à un marchand
quelconque; si ce marchand suppose le vol, il peut
faire saisir le voleur; s'il ne le suppose pas, il l'achètera loyalement, l'exposera en vente et mettra ainsi la
police ou la personne volée sur la trace du délit. Il y
a donc trop de danger pour le voleur à suivre cette
voie. Portera-t-il l'objet volé chez un recéleur, chez
un brocanteur, chez un fripon comme lui? Sans
doute cet honnête marchand le lui achètera; mais
comme il courra, en agissant ainsi, de grands risques,
puisque la loi place avec raison sur la même ligne le

voleur et le recéleur, il n'en donnera qu'un faible prix,
afin de s'indemniser des chances qui le menacent ; ainsi
donc danger d'un côté, perte de l'autre, voilà ce qui
attend le voleur s'il prend un des deux moyens que nous
venons d'indiquer. Le Mont de Piété se présente à son
esprit, et il reconnaît aussitôt qu'il trouvera en lui une
sûreté qu'il cherchait vainement ailleurs ; il se rend
donc au Mont de Piété ou plutôt il choisit le bureau
d'un commissionnaire, parce que là il y a moins de
sévérité : on ne lui demandera pas où est son répondant comme le veut l'article 48 du règlement, parce
que cet article dit que cette demande ne sera faite
que dans le cas où le déposant ne serait ni connu, ni
domicilié ; or cette notoriété individuelle étant laissée
à l'arbitraire du commissionnaire, nulle règle n'étant
prescrite pour la constater, le commissionnaire peut
toujours, en cas de reproche, se justifier et dire que
l'individu dont il a accepté le gage était connu et domicilié, et il produit en même temps le domicile ordinairement faux que le voleur lui a indiqué.

Que si le buraliste plus consciencieux exige une quittance de loyer, le voleur se dira serviteur à gages,
ouvrier logeant chez son maître, ou enfin il produira
la quittance d'un ami ou d'un complice.

Ordonnera-t-on au buraliste de vérifier le domicile
du déposant ? mais alors on n'en finirait pas, il faudrait pour un prêt de 30 francs se livrer à une enquête aussi longue que coûteuse, se transporter sur
les lieux, entendre des témoins, etc.....; ce serait
enlever aux Monts de Piété tous leurs avantages.

D'ailleurs, le voleur peut au besoin donner son
vrai nom et sa véritable demeure, car nous allons
montrer que l'objet une fois enfermé dans les armoires

de l'administration, s'il ne se distingue pas par un caractère particulier, est aussi en sûreté que s'il était à
cent pieds sous terre.

L'article 49 porte, qu'en cas de soupçon, on doit
suspendre le prêt et prévenir le préfet de police.
Certes, si un homme déguenillé portait au Mont de
Piété un collier de diamans, le soupçon naîtrait de
soi-même; mais les voleurs sont un peu plus rusés,
ils n'offrent pour nantissement que des effets qui pourraient leur appartenir légitimement. Le commis du
buraliste devra donc alors soupçonner tout le monde
de vol; alors aussi il pourra se tromper. S'il se
trompe et qu'il fasse arrêter un innocent, le voilà
exposé à des plaintes, à des réclamations, son bureau
est décrié; la foule qui s'y portait se dirige vers celui
de son voisin, et comme il ne s'est pas fait commissionnaire au Mont de Piété pour la gloire mais bien
pour le lucre, il sera victime de sa vigilance, disons
mieux, il n'en déploîra jamais, puisqu'il n'a pas intérêt à en déployer.

Le voleur est donc parvenu à placer au Mont de
Piété l'objet qu'il a dérobé. On lui remet une reconnaissance; à l'instant même il la transfère à un usurier par une simple signature apposée au dos du
billet. S'il redoute les recherches de la police, recherches assurément bien peu à craindre, car elle ne peut,
à la première dénonciation d'un vol, aller visiter et
remuer tous les immenses magasins du Mont de Piété,
il peut mieux faire : qu'il cache et conserve sa reconnaissance, qu'il laisse vendre l'objet volé, par l'administration, il a jusqu'à trois ans pour venir réclamer le boni; assurément, le bruit du vol sera
dissipé au bout d'un si long terme, et il recevra sans

contestation plus tard le reste de son vol. Enfin, s'il
veut être aussi prudent qu'il est coupable, il n'a qu'à
abandonner le boni ; il a déjà dans les mains les $\frac{2}{3}$ de
l'objet volé, cela doit lui suffire.

J'admire en vérité les services que les Monts de
Piété rendent aux voleurs ; ils recèlent les objets
volés, ils les enferment sous triples verroux, les entretiennent avec soin, les font garder par de nombreuses sentinelles, les vendent avec toutes les formalités voulues et en paient le prix au voleur ; que
peut-on demander de plus ?

Je n'ai parlé que des voleurs en titre d'office : je
dois dire quelques mots des fripons.

Aux termes de la loi (Code civil, art. 2092), les
biens meubles ou immeubles d'un individu sont le
gage de ses créanciers ; ils ont le droit de les faire
saisir. Pour peu qu'un débiteur insolvable veuille
frustrer ses créanciers, voici ce qu'il fera : Peu de
temps avant que son insolvabilité soit connue, il
enlèvra de son domicile ses bijoux, son argenterie,
son linge, ses meubles précieux ; accompagné d'un
obligeant ami, il ira déposer tout cela au Mont de
Piété ; l'ami déclarera que c'est lui qui opère le dépôt,
et, à l'instant même, transmettra au débiteur insolvable l'argent qu'il aura reçu ainsi que la reconnaissance ; toute cette opération peut se réaliser en une
heure ; puis libre à l'huissier de venir saisir ce qu'il
trouvera au domicile du débiteur. Supposez les Monts
de Piété n'existant pas, et vous verrez combien le débiteur qui veut frauder ses créanciers aurait de peine
à vendre ses meubles sans éveiller les soupçons de ses
créanciers.

Deux époux sont mariés sous le régime de la com-

munauté ; l'époux est l'administrateur de cette communauté, sa femme ne peut vendre même un meuble
sans l'autorisation de son mari ; mais comme aucune
disposition de loi ne ferme l'accès du Mont de Piété
à la femme non autorisée, elle pourra, en l'absence de
son époux, dilapider le mobilier de la communauté,
sans que personne ait le temps d'avertir le mari des
fautes de sa femme. Tout ce qui lui restera à faire,
sera de retirer les effets engagés en rendant toutefois
l'argent prêté.

Je pourrais multiplier les exemples, parler des dila-
pidations de succession, montrer combien les com-
merçans, eux qui sont forcés d'avoir tant de confiance dans leurs commis ou dans leurs correspon-
dans, se trouvent menacés par la facilité que les
Monts de Piété donnent de cacher à tous les yeux la
trace des vols ; mais ce serait trop insister sur un fait
pénible, déjà suffisamment prouvé, et dont la publication pourrait ne pas être sans danger. Que ceux qui
veulent approfondir ce triste sujet se résignent à feuil-
leter les annales des tribunaux de commerce [1].

---

[1] Je crains tellement qu'on ne suppose que je rembrunis à des-
sein les couleurs de mon tableau, que je citerai encore la Gazette
des Tribunaux du 8 octobre 1829. Cette citation sera la dernière.
« Jérôme Duguet, âgé de 23 ans, horloger-bijoutier à Charonne,
» épousa en 1827 Mlle. Fromout ; il ouvrit une boutique où il plaça
» sa dot et celle de sa femme, formant ensemble un total de 7500 fr
» Le commerce ne prospéra pas ; dès l'année suivante les embarras
» augmentèrent avec une progression effrayante. Tous les moyens
» ruineux furent employés : emprunts, engagemens au Mont-de-
» Piété ; il ne fallait rien moins que les intérêts du Mont-de-Piété
» et les frais, pour consommer la ruine de Duguet. Il tenta alors
» un dernier effort : à son commerce d'horlogerie il ajouta celui de
» bijouterie, acheta pour plus de 12,000 fr. de bijoux ; mais il ne fit

Qu'on ne croie pas que j'ai voulu faire la satire d'un Mont de Piété ou de celui de Paris particulièrement ; je ne puis assez répéter que les auteurs du règlement ont fait tout ce qu'il était humainement possible pour prévenir la fraude, que personne ne ferait plus ni mieux qu'eux ; mais leurs efforts ne pouvaient empêcher une mauvaise institution de porter de mauvais fruits. Deux principes funestes domineront toujours dans l'organisation d'un Mont de Piété, car, sans eux, un Mont de Piété resterait désert : 1°. en fait de meubles la possession vaut titre ; 2°. les Monts de Piété ne peuvent détruire l'influence des usuriers qu'en offrant aux emprunteurs les mêmes facilités que les usuriers. Suivre ces principes c'est ouvrir la digue à tous les délits que nous venons d'énumérer ; s'y soustraire c'est se condamner à l'inaction, à la nullité.

§ X. Rapprochement entre les Monts de Piété et les Maisons de Jeu.

Le rapprochement que je prétends établir entre les maisons de jeu et les Monts de Piété renferme en soi quelque chose de si injurieux pour ces derniers et même de si choquant, que je dois me hâter d'éclaircir mon idée. Je ne veux pas mettre les Monts de Piété sur la ligne de ces établissemens fondés ouvertement pour faciliter la ruine des familles et exciter au vol, au meurtre et au suicide. Les Monts de Piété sont, dans

---

» qu'aggraver sa position, précipiter sa déconfiture, et bientôt, après
» avoir encore envoyé, soit sous son nom, soit sous de faux noms,
» la plupart de ses marchandises au Mont-de-Piété, il ferma son
» magasin, fit remettre ses clefs aux créanciers, et prit la fuite. »

mes idées, une institution mauvaise, mal conçue, qui
trahit les nobles espérances, les intentions pures de
ses fondateurs; mais rien d'immoral n'apparaît dans
cette institution, elle est conçue par la charité, par
la philanthropie, et, jusque dans ses défauts, elle com-
mande des ménagemens. Je me souviens de ces paroles
du jurisconsulte allemand : *Mons Pietatis, haud
impietatis arguendus.* Je ne dis donc pas qu'on doive
l'assimiler aux maisons de jeu, seulement je crois
qu'elle excite la passion du jeu et conduit au vol.

Rappelons-nous l'exemple cité plus haut, de ce
jeune commis qui, afin de satisfaire son infâme passion pour le jeu, enlevait les marchandises de ses
maîtres, les portait au Mont de Piété et allait jouer.

Suivons les idées de ce malheureux :

Sous le joug de sa passion, il était sourd à la voix
de l'expérience; des pertes considérables ne l'ef-
frayaient pas, persuadé que le moment approchait
où la fortune devait enfin lui sourire et fermer les
blessures qu'elle avait faites. Ses combinaisons étant
assurées, son gain allait être immense. Comment
résister au désir de réparer ses pertes? Il ira jouer,
il gagnera, puis après il rompra avec le jeu. Voilà
ce qu'il décide. Mais de l'argent il n'en a plus, du
crédit il n'en a jamais eu. Ira-t-il voler? Jamais.
L'honneur parle encore, quoiqu'à voix basse, à sa
conscience presqu'éteinte. Il est entouré d'objets précieux qui appartiennent à son maître; les porter
au Mont de Piété ce n'est pas les voler; d'ailleurs il
n'a besoin d'argent que pour une nuit; demain, quand
le tapis vert aura fait couler des flots d'or dans ses
mains, son premier soin sera de courir au Mont de
Piété, de dégager les objets qu'il y aura portés la

veille, et de les rétablir en leur place, ainsi donc il se sera sauvé sans porter aucun préjudice à ses maîtres.

Voilà le funeste raisonnement fait par cet homme qui, dans son illusion, vole ne croyant pas voler, et qui, au milieu du crime, se dit à soi-même qu'il est innocent. Ai-je besoin d'ajouter qu'il sort du jeu ruiné, qu'un abîme de honte s'ouvre devant lui, et qu'il va sur le banc des accusés expier cette erreur, si commune parmi les gens du peuple, que porter au Mont de Piété les effets qui ne sont pas à soi, quand on a l'espérance de pouvoir les retirer, ce n'est pas commettre un larcin? Cela est si vrai que, dans les procès où un individu a commis ce délit, on le voit toujours avouer sa faute avec des regrets et des larmes qui témoignent en faveur de sa bonne foi, et offrir de rendre les reconnaissances qui sont en ses mains, comme s'il pouvait, par ce tardif repentir, effacer sa faute. Sans cesse il dit : « Je n'ai pas cru voler ; je » devais retirer les effets et les rendre. » Mais les re- grets sont inutiles.

Examinons maintenant la position de ce joueur, de ce commis infidèle, s'il n'y avait pas eu un Mont de Piété à sa portée.

Sans doute il aurait pu dérober les effets de ses maîtres et aller les porter en gage chez un prêteur clandestin ; mais ce prêteur n'est pas comme un com- missionnaire au Mont de Piété, il ne tient pas bureau ouvert à tout venant, il faut le chercher. Combien d'allées et de venues qui peuvent éveiller l'attention des maîtres! ensuite, parmi les usuriers il faut choi- sir, car si, par aventure, on tombait sur un qui ne fût qu'avide et non fripon consommé, il pourrait tout dévoiler.

Ne voyez-vous pas dans ce doute, dans ces retards
inévitables, précisément ce qui doit retenir le joueur,
lui faire faire des réflexions et peut-être le sauver ?
Le prêteur clandestin ne consentira pas à conclure un
prêt pour 24 ou 48 heures ; on ne pourrait l'amener
à cela qu'en lui offrant une prime si forte qu'il lui serait facile de reconnaître que l'objet présenté est volé,
et alors il pourrait être poursuivi comme recéleur.
Ainsi donc le prêt sur nantissement d'objet volé est
aussi dangereux et difficile à conclure avec un usurier, qu'il est simple, commode et sûr avec le Mont
de Piété.

Je termine en disant que les commis, les domes-
tiques et généralement tous les gens de confiance qui
ont la détestable passion du jeu, sont excités au vol
par les Monts de Piété.

§ XI. De l'emploi des produits des Monts de Piété.

On s'efforce de justifier l'établissement des Monts
de Piété en proclamant très-haut l'usage qu'ils font
de leurs produits. A la vérité en France, et dans
presque toute l'Europe, ces produits sont versés dans
les caisses des hospices. Rien de plus sage, assurément, rien de plus humain qu'un tel emploi, rien de
plus propre à absoudre l'institution elle-même; mais
serai-je forcé de répéter cet axiome trivial? la fin
n'absout pas les moyens. Quand on ferait un emploi
mille fois meilleur des produits du Mont de Piété, ne
verrions-nous pas toujours qu'ils proviennent des der-
nières hardes, des derniers meubles du malheureux?
Combien une pareille justification me semble impar-
faite ! Si la dotation des hospices est insuffisante,

cherchez une manière plus juste de vous procurer de l'argent. Créez un nouvel impôt. Si vous ne voulez pas le faire peser sur les riches, qu'il porte également sur toutes les classes de la société; mais, au nom de l'équité, n'allez pas le demander uniquement aux indigens, car alors le pauvre qui entre dans un hôpital n'aurait plus à remercier la société tout entière qui lui fournit les moyens de recouvrer la santé et la force. Il ne pourrait plus voir dans son admission un bienfait, car, certes, on la lui aurait vendue assez cher. Au moins, si on assujétissait tous les individus qui forment la classe indigente au paiement de cette nouvelle contribution, une justice apparente couvrirait cette exaction; mais par un étrange aveuglement ce seront les plus nécessiteux de cette classe qui fourniront cet argent. Des malheureux qui n'ont presque plus rien à eux, qui bientôt devront aller au coin des rues solliciter la pitié publique, devront contribuer à la splendeur d'établissemens qui ont, à Paris, par exemple, près de onze millions de revenu; parce que le riche regarde le Mont de Piété avec dédain, parce qu'il rougirait d'y entrer; il se trouvera à l'abri de cet impôt si bizarrement injuste.

Qu'on ne dise pas que cet impôt est volontaire. L'homme ignorant, que le malheur presse, ne réfléchit pas aux moyens de soulager sa douleur, il saisit aveuglément la première planche de salut qu'il trouve devant lui, hors d'état de reconnaître si ce soutien trompeur ne va pas achever sa ruine.

Ne nous parlez donc plus du noble emploi des produits du Mont de Piété, car cet emploi a pour principe une injustice évidente.

5.

§ XII. Des Maisons clandestines de Prêt sur gage.

L'unique moyen d'empêcher les maisons de prêt
sur gage clandestines de pulluler, est-il d'établir des
Monts de Piété ? Certes, je ne le pense pas.

Lorsque Bernardin de Feltre entreprit de fonder le
premier Mont de Piété, la science de l'économie poli-
tique n'était pas très-avancée ; nulle confiance n'existait dans les relations, le crédit particulier était
aussi peu connu que le crédit public, les seuls prêts
en usage étaient des prêts sur gage. Les Juifs et les
Lombards avaient le monopole de ce commerce d'argent, parce que, plus habiles que les autres nations,
ils étaient parvenus à se procurer des capitaux considérables ; ils prêtaient à un taux élevé, parce que l'argent était rare et qu'ils n'avaient point de concurrence
à redouter. Les emprunteurs, aussi pauvres qu'igno-
rans, ne pouvaient concevoir que gagnant très-peu
ils fussent cependant tenus de payer beaucoup ; ils
ne voyaient pas que c'était précisément parce qu'ils
travaillaient peu et mal que l'intérêt de l'argent était
très-élevé, et ils préféraient trouver la cause du mal
dans l'avidité des juifs ; de là leurs plaintes, de là
leurs violences, de là aussi les Monts de Piété. Bernardin de Feltre pensa qu'il n'y avait rien de mieux à
faire que de prêter comme les juifs, mais à un taux
moins élevé et même gratuitement. La bienfaisance
dirigeait ses vues, il parvint au résultat qu'il deman-
dait et sauva bien des gens de leur ruine. A la vérité
l'état de la société atténuait alors plusieurs des inconvéniens qui nous choquent aujourd'hui dans les
Monts de Piété. La pauvreté et l'immoralité des basses

classes ne touchaient ou n'indignaient presque personne. Quatre ordres religieux étaient fondés pour en-
tretenir le feu sacré de la mendicité. Alors on croyait
secourir suffisamment les malheureux en leur faisant
l'aumône. S'élever à des idées plus profondes, plus
généreuses, n'était pas possible : quiconque l'eût fait
n'eût été compris par personne. Mais aujourd'hui agi-
rons-nous et penserons-nous comme on agissait et
comme on pensait alors ? Non assurément : sans admettre
qu'il existe dans la nature humaine un principe de
perfectibilité continue et indéfinie, nous dirons simplement qu'en matière de gouvernement et de police,
nous sommes trop loin du seizième siècle pour que les
institutions de ce temps puissent nous convenir. Les
fondateurs des Monts de Piété n'avaient dans l'esprit
qu'une seule chose : entraver les usures des juifs ; pour
eux tout ce qui menait à ce but, sans violence ni injustice, était bon. Pour nous, qui sommes placés au milieu
de circonstances si peu semblables, nous raisonnerons
différemment, nous dirons : l'abus des maisons de prêt
clandestines nous révolte, on nous présente comme
remède les Monts de Piété : examinons la nature de
ce remède, recherchons si le mal qu'il peut faire ne
serait pas à peu près égal à celui que nous reprochons
aux maisons clandestines de produire. Si nous trouvons que le remède n'est pas lui-même sans dangers,
rejetons-le ; envisageons franchement l'abus, et, au lieu
d'aller chercher dans une institution rivale des armes
contre lui, attaquons-le sans détours.

Je ne puis concevoir que le seul moyen d'anéantir
les Maisons de prêt clandestines, soit de créer des
Monts de Piété ; voilà cependant l'unique pensée qui
s'est offerte à l'esprit des fondateurs des Monts de

Piété. On a pu le voir dans le 2ᵐᵉ. chap. de ce mémoire. Cela me surprend beaucoup, et je me laisse aller malgré moi à la pensée que l'on cherche bien moins à refréner l'avidité de quelques usuriers, qu'à se créer commodément une source abondante de produits. Ils sont loin de nous les jours où les Monts de Piété prenaient pour devise ces belles paroles : *Misericordiam volo et non sacrificium.* Ce qu'ils demandent aujourd'hui, ce sont des sacrifices et des sacrifices bien durs.

On se plaint des Maisons de prêt clandestines : qui empêche de les fermer? la chose n'est pas si difficile [1]. Pourquoi ne l'a-t-on pas essayée avant 1777 au lieu de prendre une foule de précautions illusoires. Lorsque le gouvernement voulut, en l'an XII, rétablir l'ancien Mont de Piété, il prononça une amende de 500 à 3,000 fr. contre les contrevenans, et, quoiqu'il fût aisé pour les Maisons particulières de soutenir la concurrence avec un établissement qui prêtait à 12 ou à 17 pour 100, cependant force fut aux prêteurs clandestins de fermer leurs comptoirs. Avec une police vigilante et des tribunaux sévères, ne craignez pas qu'ils se rouvrent jamais. Il se fera sans doute encore beaucoup de prêts sur gages entre particuliers, sans doute des fraudes se commettront encore; mais le prêt sur gage est légal en lui-

---

[1] En 1825, les tribunaux correctionnels de la France ont prononcé sur 22 affaires de maisons de prêt sur gage sans autorisations ; 32 personnes étaient prévenues, 24 ont été condamnées; en 1826, 37 affaires, 61 prévenus, 48 condamnés; en 1827, 27 affaires, 41 prévenus, 32 condamnés; en trois années 104 condamnés, sur lesquels 70 ont été condamnés à un emprisonnement de moins d'un an, les autres à des amendes. Voyez les Comptes généraux de l'administration de la justice criminelle en France, pour les années 1825, 1826, 1827. Paris. Imprimerie royale.

même et nous ne songeons pas à le proscrire. Nous demandons seulement qu'il soit renfermé dans les li- mites posées par l'art. 2074 du Code civil; ce que nous blâmons, c'est l'excitation publiquement donnée à ce genre d'opération, excitation qui fait que, dans une ville comme Paris, qui compte 890,431 habitans, il y a eu dans l'année 1826 837,795 engagemens au Mont de Piété; ce sont ces bureaux qui tendent de l'ar- gent à tous les malheureux et qui ne le leur donnent qu'aux plus dures conditions; ce sont les habitudes pernicieuses que ces établissemens répandent chaque jour parmi le peuple: voilà ce que nous blâmons.

Je crois avoir démontré que les inconvéniens des Monts de Piété l'emportent de beaucoup sur leur unique avantage, avantage qui serait obtenu aussi bien par le moindre décret de l'autorité municipale, secondé par la vigilance de la police et la sévérité des tribunaux, sans que l'on eût à regretter de pervertir ceux que l'on veut tirer de la misère.

§ XIII. Des changemens à opérer dans les règlemens des Monts de Piété.

Beaucoup d'excellens esprits croient que les vices que je viens de signaler ne tiennent pas à la nature même des Monts de Piété, et qu'en réformant plu- sieurs abus qui se sont glissés dans l'administration de ces établissemens, on les ramènerait au caractère d'institution de charité. Ils proposent:

1°. D'abaisser l'intérêt perçu par les Monts de Piété;

2°. D'élever le *minimum* de la valeur des objets que l'on peut engager;

3°. De redoubler de vigilance pour prévenir le dépôt d'objets volés.

Je ne dirai rien sur cette dernière proposition, puisque j'ai déjà répété plusieurs fois que les règlemens du Mont de Piété de Paris sont des modèles de sagesse, et que cependant ils ne peuvent parvenir à empêcher qu'on ne reçoive comme gages, des objets volés. Ne nous fatiguons pas à chercher des moyens plus efficaces, nous ne les trouverions pas. Si l'abus a lieu à Paris il aura lieu partout ailleurs.

J'applaudis hautement à la proposition de baisser l'intérêt perçu par les Monts de Piété. Mais alors que ces établissemens prêteraient gratuitement, le caractère de l'institution resterait toujours le même, et les reproches que j'ai dirigés contre elle, qui tous sont fondés sur autre chose que sur le taux plus ou moins élevé de l'intérêt perçu, subsisteraient dans toute leur force. En Italie, les Monts prêtent en général au taux fixé par la loi ou par le commerce, et à mon avis les Monts de Piété d'Italie font à peu près autant de mal que ceux de France.

Quant à élever le *minimum* de la valeur des objets que l'on peut engager, comme on ne le ferait qu'en altérant le principe essentiel de l'institution, qui est de secourir les gens les plus pauvres de la société, et que d'ailleurs rien ne serait plus aisé que d'éluder ce que la loi prescrirait en cette occasion, j'ai peine à croire que les défenseurs des Monts de Piété fondent une grande espérance sur cette prétendue amélioration.

Je me sens peu de goût pour ces palliatifs qui jamais ne sont des remèdes, et dont la vertu tout au plus est de retarder quelques instans les progrès d'un

mal que l'on n'a pas osé combattre franchement. Je
m'en tiendrai à la proposition que déjà j'ai faite, d'é-
tablir une caisse d'épargnes près de chaque Mont de
Piété. Voilà, je crois, la seule amélioration dont les
Monts de Piété actuels soient susceptibles. Toute
banque publique de prêt sur gages, quelque soin que
l'on apporte à déguiser ses défauts, est et restera une
institution vicieuse : telle est la condition de son existence. Ce n'est pas qu'on ne puisse tirer parti des
idées qui présidèrent dans l'origine à la fondation de
ce genre d'établissemens et les faire tourner au plus
grand avantage du peuple. Je crois même que les
Monts de Piété actuels contiennent le germe d'une
excellente institution ; mais cette institution désavoue-
rait bien haut son origine. Un jour viendra peut-être
où je rechercherai s'il ne serait pas possible de rempla-
cer les banques de prêt sur gages par des *Banques gratuites de prêt sur caution*. J'attire sur ce point l'attention des hommes éclairés qui s'occupent de ces matières, parce que je crois qu'une banque de cette nature serait l'élément le plus puissant de prospérité et
d'amélioration morale, que l'on pût employer à l'égard
de la classe indigente et laborieuse de la société; ils
n'apprendront pas, je crois, sans plaisir que j'ai reconnu quelque chose de semblable à une banque de
prêt sur caution dans une petite ville d'Italie; que cet
établissement y fleurit depuis long-temps entouré de
l'estime universelle, et que dès-lors il ne serait pas impossible d'importer un jour chez nous cette institution,
en élargissant sa base et en corrigeant quelques-uns
de ses défauts.

Je me borne aujourd'hui à quelques détails rapi-
des.

, La ville de Sienne vit s'établir dans ses murs en l'année 1624 un Mont appelé *Monte non vacabile dei Paschi*. Cette dénomination indique que l'établissement ne manque jamais à ses engagemens (*non vacabile*). Il est bien de prendre un tel nom, il est encore mieux d'y être toujours resté fidèle.

Des citoyens généreux, frappés de la gêne que causait aux habitans de Sienne le taux élevé de l'argent, qui flottait entre 8 et 10 pour 100, se réunirent dans le but de prêter au taux modéré de 5 p. 100 sans prendre de nantissement. Leurs efforts ont été couronnés d'un plein succès. Voici l'analyse des usages établis dans cette banque de prêt.

Pour obtenir des fonds, il faut, avant tout, présenter à l'administration une caution bonne et valable ou des biens propres libres ; l'administration discute la caution présentée, et en toute occasion elle donne la préférence aux pauvres, aux veuves ou aux personnes dont le malheur est digne de pitié : on a pris, pour éviter l'abus des prête-noms, certaines précautions que je passe sous silence.

L'intérêt exigé par l'établissement est, comme je l'ai dit, fixé ordinairement à 5 p. 100, mais souvent on l'a vu redescendre jusqu'à $2\frac{1}{3}$ p. 100. Ces variations dépendent des circonstances et du cours des effets publics.

Ce qu'il y a d'excellent dans cette institution, c'est qu'elle met à la disposition des emprunteurs les moyens employés par les caisses d'épargnes, pour rendre moins sensibles les privations qu'impose l'économie. Ainsi le débiteur peut se libérer peu à peu et commencer ses remboursemens le lendemain du jour où le prêt a été fait. Quelque faible que soit la somme

restituée, elle diminue proportionnellement l'intérêt [1].

On ne prête que pour un an, telle est la loi générale; mais le Mont ne fait aucune difficulté de renouveler annuellement le prêt avec les personnes qui ont
régulièrement acquitté l'intérêt sans diminuer la solva-
bilité de leur caution. Chose étrange! plusieurs familles payent l'intérêt d'emprunts conclus il y a près
de 160 ans. Le Mont accorde des délais pour le paiement des intérêts; ces délais se sont parfois étendus
jusqu'à quatre années. Il consent même quelquefois à
réunir les intérêts aux capitaux; en un mot, toutes
les facilités possibles sont accordées au débiteur,
quand on lui reconnaît les moyens de payer ou le
ferme désir de le faire.

Le dévouement étant le mobile de cette institution,
on ne sera pas surpris d'apprendre que les frais d'administration diminuent peu les revenus du Monte,
et que presque tous les bénéfices de l'établissement
retournent à l'institution qui, avant la guerre des

---

[1] Voilà ce que devraient faire les Monts de Piété, mais leur devise à eux est *tout ou rien*. Les Caisses de prévoyance pour le dégagement des effets déposés, malgré leurs bonnes intentions, ne
pourraient pas imiter le Mont de Sienne, parce qu'elles ne peuvent
se présenter au Mont de Piété qu'avec l'intégralité de la somme
due : il est vrai qu'elles paient à leurs cliens un intérêt proportionné
à la quotité de la somme qu'ils ont déposée; mais cet intérêt payé
par la caisse, ne peut jamais compenser celui que le client paie au
Mont de Piété, d'abord parce que cet intérêt est toujours faible
et ensuite parce que la caisse prélève une prime sur cet intérêt.
Les Monts de Piété devraient suivre l'exemple de celui de Sienne,
admettre des paiemens partiels diminuant proportionnellement
l'intérêt. Cette amélioration est simple, facile à exécuter, et je ne
vois pas quelle bonne raison on pourrait donner pour ne pas l'effec-
tuer dès demain à Paris.

Français, possédait une réserve de 18,000 écus tos-
cans, réduite aujourd'hui à 10,000.

Le Monte dei Paschi a encore une foule d'autres at-
tributions : il ne nous importe pas de les examiner [1].

Je ne sais si je me fais illusion, mais il me semble
qu'aucun des reproches dirigés contre nos Monts de
Piété, ne peut tomber sur le Monte dei Paschi de
Sienne.

Les Monts de Piété dépouillent les indigens et vendent leurs misérables meubles, le Monte dei Paschi
ne leur demande rien de ce qui leur appartient, il
exige une caution, et certes l'embarras d'en trouver
une ne sera jamais un obstacle pour l'ouvrier économe
et laborieux. C'est en se rendant sa caution que les
personnes généreuses pourront faire la bonne et vraie
charité, celle qui porte au travail, et qui aide le pauvre en le rendant meilleur.

L'accusation capitale contre les Monts de Piété con-
siste à dire qu'ils donnent aux pauvres de l'argent
sans avoir aucune garantie qu'il sera bien employé.
On ne peut faire le même reproche au Mont de
Sienne, car l'indigent pour obtenir sa caution sera
forcé de justifier de sa moralité à la personne qui consentira à fournir le cautionnement ; cette personne
aura, non pas seulement le droit de surveiller l'emploi de l'argent prêté, mais un intérêt direct à suivre
cet argent dans toutes les transformations qu'il subira,
à se montrer contrôleur sévère de chaque dépense et
à s'identifier à la modeste prospérité de son client. Qui

---

[1] Il reçoit les fonds d'après le système des caisses d'épargnes, il
accepte gratuitement la tutelle des orphelins nobles dont la fortune
est embarrassée, il prête sur gage.....

n'aperçoit combien ces rapports du riche avec le pauvre peuvent être favorables à l'amélioration de ce dernier, et combien la société entière est intéressée à l'affermissement d'un patronage qui est fondé sur l'amour éclairé de l'humanité? J'appelle de tous mes vœux ce patriciat; celui-là n'excitera ni la haine, ni l'envie, ni les passions politiques.

Un pareil établissement ne fournit point aux voleurs les moyens de cacher les produits de leurs crimes, ni au banqueroutier ceux de frauder ses créanciers; il ne fait pas naître la détestable industrie des acheteurs de reconnaissances. Tout se passe chez lui avec une loyauté et une générosité que la prudence dirige mais n'affaiblit pas.

Je ne m'arrêterai pas davantage sur ce parallèle trop désavantageux pour les Monts de Piété, et je répéterai que le *Monte Dei Paschi* contient le principe d'une institution de vraie bienfaisance qui secourrait le peuple en lui donnant le goût du travail et de l'économie; c'est à de plus habiles que moi, de dire comment on pourrait développer cette institution et l'approprier à nos mœurs et à nos besoins présens. Je m'applaudis de l'avoir fait connaître; et si j'éprouve un regret, c'est en pensant que mes paroles n'auront pas assez de poids pour décerner un peu de gloire à ses fondateurs et aux citoyens qui, en leur succédant, ont perpétué leurs bienfaits et leurs vertus.

Je termine en suppliant les personnes qui voudront bien jeter les yeux sur ce mémoire, de ne pas penser que je réclame la clôture de tous les Monts de Piété. Les classes pauvres se sont emparées avec tant de force de cette institution, qu'on ne pourrait la leur ravir violemment sans exciter de vives plaintes et sans paraître

barbare enves elles. Il faut les préparer à la guérison
d'un mal qu'on a su leur rendre agréable. Je me borne
à souhaiter que les magistrats des villes qui ne possèdent pas de Monts de Piété, cessent de les appeler
de tous leurs vœux, et qu'ils reconnaissent avec nous
qu'un Mont de Piété fait d'autant plus de mal qu'il
agit sous le voile de la charité, et que ses victimes
ne sentent pas les coups qu'il leur porte.

# PIÈCES JUSTIFICATIVES.

---

## N°. 1.

## TRIBUNAL CORRECTIONNEL D'ARRAS.

( Correspondance particulière ).

*Ouverture de Maison de prêt sur gage sans autorisation.*

La plupart des Monts de Piété ne peuvent, d'après leurs statuts, prêter les sommes minimes, prohibition fondée sans doute sur les difficultés et les frais d'administration que la multitude des petits gages occasionerait. Celui d'Arras s'arrête à la somme de deux francs. Pour l'obtenir, il ne faut guères présenter moins qu'une valeur de deux tiers en sus de cette somme, c'est-à-dire un gage de six francs. Quiconque ne le possède pas ne peut avoir accès au Mont de Piété, et se trouve trop pauvre pour voir exaucer sa prière dans le temple même de la pauvreté.

Un sieur I.... avait ouvert à Arras une maison où, à des conditions assez modérées, il prêtait sur gages des sommes inférieures au *minimum* du Mont de Piété. La police, en ayant été instruite, fit saisir ses registres, et le ministère public ne tarda pas à le poursuivre correctionnellement, pour avoir ouvert, en contravention avec l'art. 411 du Code pénal, une maison de prêt sur gage sans autorisation.

« S'il est vrai, a dit Me. Huré, son défenseur, que les Monts de Piété soient des établissemens philantrhopiques créés dans l'intérêt de l'indigence, c'est surtout aux besoins de la classe la plus nécessiteuse de la société qu'ils auraient dû pourvoir. Destinés à fournir aux exigences du moment, aux nécessités actuelles les moyens de puiser en quelque sorte dans les magasins de l'avenir, ils ne font que trop souvent, à leur insu, des avances aux passions qui, pour satisfaire leurs caprices, se privent sans peine et sans incommodité d'un superflu de toilette ou de mobilier. On pourrait même citer tel banquet somptueux dont une argenterie d'emprunt faisait les honneurs, tandis que celle de l'Amphytrion se trouvait engagée pour solder les frais de Comus, qui lui avait refusé le crédit. Mais il faut qu'une nécessité soit bien réelle et bien pressante pour qu'un pauvre ouvrier sans travail se dépouille de ses hardes, pour qu'une mère de famille arrache à ses enfans les langes qui les enveloppaient, pour qu'un vétéran se sépare de son ami, de son vieil uniforme *usé par la victoire*, comme l'a dit notre Pindare. Ce sacrifice affreux, l'est cependant moins encore que la mort qu'il s'agit d'éviter, ou que la mendicité, ressource trop souvent stérile, et plus pénible pour certaines âmes que la mort elle-même. Eh bien ! que ces guenilles soient offertes au priseur du Mont de Piété, elles seront ignomineusement repoussées des coffres de l'administration qu'elles peupleraient de vermine ! Les petits Monts de Piété, qui les accueillent et les escomptent, surgissent donc d'une nécessité sociale des plus impérieuses, et peut-être ont-ils prévenu plus d'un suicide, plus d'un vol, plus d'un crime même; peut-être ont-ils épargné au ministère public, qui a l'ingratitude de les poursuivre, les plus formidables réquisitoires ; et à la justice, qui s'arme contre eux, les coups les plus sévères de son glaive.

» Mais, dit-on, ces prétendues boutiques de philanthropie, ouvertes sans autorisation, sans garanties, sans surveillance, deviendront d'odieux repaires où l'avidité spéculera sur les besoins du pauvre, où l'usure, pressurant l'indigence, la dépouillera de ses derniers haillons ! La vigilance de la police n'ignore que ce qu'elle ne veut pas savoir. La pénétration de son regard plonge dans les plus épaisses ténèbres, et y saisit à coup sûr les abus dès leur naissance; la voix publique elle-même les a bientôt trahis, et si, par de cruelles exactions, ces établissemens ne font qu'irriter les besoins qu'ils devaient secourir, ils seront bientôt découverts, condamnés, anéantis.

» On devait obtenir une autorisation ? Soit, mais c'est une ordonnance royale qu'exigent ces entreprises. On sait les difficultés de leur obtention. Le Mont de Piété d'Arras en a lui-même l'expérience ; provisoirement mis en vigueur, par arrêté du préfet, en date du

12 brumaire an 13, c'est vainement que depuis vingt-quatre ans il a sollicité l'ordonnance qui doit consolider sa base, et son existence précaire n'a jusqu'à ce jour d'autre appui que les besoins du peuple, l'approbation tacite de l'autorité et les vertus de ses administrateurs. Les petits Monts de Piété sont aussi les asiles de la nécessité qui crie. Ouverts par la spéculation, ils n'en sont pas moins une source de secours d'urgence. Attendront-ils l'autorisation pour les accorder au malheureux qui les implore ? »

M. Reboul de Vérac, substitut, a conclu à l'application de la peine établie par l'art. 411 du Code pénal.

Mais prenant en considération de nombreuses circonstances atténuantes, et la moralité du prévenu, le tribunal, par application de l'art. 463, n'a condamné dans l'audience du 12 janvier, qu'à trois jours de prison et 16 fr. d'amende.

Plus indulgente encore, la cour de Nîmes, dont l'arrêt déféré à la Cour de cassation, pour fausse application de l'art. 463, fut maintenu par cette Cour elle-même en 1824, n'avait appliqué à un délit du même genre que la peine de 6 fr. d'amende. (*Dalloz*, 1825, 1. 65.)

## N°. 2.

### *Gazette des Tribunaux du* 18 *janvier* 1828.

— Deux femmes s'accusaient à la Cour d'assises du vol d'un schall de Cachemire d'une valeur considérable, commis au préjudice d'une dame Duport.

La femme Girard avait été amenée de Lorient à Paris par une dame Frappart, qui s'intéressait à elle. M<sup>me</sup>. Frappart ayant été obligée de repartir avant d'avoir pu trouver une condition pour sa protégée, la recommanda à la dame Duport, raccommodeuse de schalls, qui eut la bonté de la recueillir chez elle. Deux jours après, un schall de Cachemire noir valant 6,000 fr. disparut. Qui l'avait pris ? La femme Girard commença par avouer, en sanglotant, qu'elle avait emporté ce schall, à la suggestion d'une dame inconnue, qui prétendait en être propriétaire, et que le schall avait été mis au Mont de Piété. Cette dernière circonstance était exacte. On se transporta au Mont de Piété. Là on sut que la femme Girard n'était pas venue seule, qu'une autre femme l'avait accompagnée, et que cette femme était la demoiselle Delaunay, couturière.

6

Ici commence le plus vif débat entre les accusées. La femme Girard a prétendu qu'elle n'avait pris le schall que pour faire plaisir à
la demoiselle Delaunay, qui lui avait assuré qu'elle en était propriétaire, mais qu'elle manquait d'argent pour payer le raccommodage
et le retirer des mains de M^{me}. Duport; qu'ensuite elle n'avait également porté le schall au Mont de Piété qu'à la prière de M^{lle}. Delaunay, qui avait besoin de 100 fr.

M^{lle}. Delaunay a soutenu, au contraire, que la femme Girard s'é-
tait présentée chez elle un matin et lui avait conté qu'elle venait de
trouver un schall dans la rue; qu'elle l'avait ensuite conjurée de
venir avec elle au Mont de Piété et de se dire propriétaire du schall,
attendu que sans cette justification l'administration ne voulait pas
le prendre. M^{lle}. Delaunay, persuadée que le schall avait été en effet
trouvé, se serait prêtée à cette fraude par complaisance.

Ce qu'il y a de certain, c'est que la femme Girard, au lieu de signer son nom sur le registre du Mont de Piété, avait signé celui de
*Cormier*. Toutes deux ont été traduites en Cour d'assises comme
prévenues de vol commis la nuit, dans une maison habitée, et en
outre la femme Girard comme coupable de faux.

Le faux et les circonstances aggravantes ayant été écartés, la
femme Girard a été condamnée à 18 mois d'emprisonnement, et la
femme Delaunay à 4 ans de la même peine.

FIN.

PARIS. — IMPRIMERIE ET FONDERIE DE FAIN, RUE RACINE, N°. 4,
PLACE DE L'ODÉON.

www.ingramcontent.com/pod-product-compliance
Lightning Source LLC
Chambersburg PA
CBHW050604210326
41521CB00008B/1106